岩　波　現　代　文　庫

ヴァーチャル日本語
役割語の謎

金水　敏
Satoshi Kinsui

学術 466

岩波書店

役割語の世界への招待状

いきなりですが、次のテストをしてみてください。

問題 次のa～hとア～クを結びつけなさい。

a　そうよ、あたしが知ってるわ（　）
b　そうじゃ、わしが知っておる（　）
c　そや、わてが知っとるでえ（　）
d　そうじゃ、拙者が存じておる（　）
e　そうですわよ、わたくしが存じておりますわ（　）
f　そうあるよ、わたしが知ってるあるよ（　）
g　そうだよ、ぼくが知ってるのさ（　）
h　んだ、おら知ってるだ（　）

ア　お武家様
イ　（ニセ）中国人
ウ　老博士
エ　女の子
オ　田舎者
カ　男の子
キ　お嬢様
ク　関西人

どうです。簡単でしたか？　この問題は、日本で育った日本語の母語話者ならほぼ百パーセント間違えることがないはずです（外国人の日本語学習者には、少し難しかったでしょうか？）。この問題に出てくるような、特定のキャラクターと結びついた、特徴ある言葉づかいのことを、本書では「役割語」と呼び、〈お嬢様ことば〉〈田舎ことば〉のようにカッコにくくって示すことにします。

日本で育った日本語話者なら、問題に示したような役割語は誰でも身につけていると想像されます。よく考えると、これはとても不思議なことです。とても謎めいている、といってもよいでしょう。なぜなら、役割語は必ずしも現実の日本語とは一致しない、というより、全然違っている場合が多いのです。たとえばあなたは、「そうじゃ、わしが博士じゃ」という博士に会ったことがありますか？「ごめん遊ばせ、よろしくってよ」としゃべるお嬢様に会ったことがありますか？そんなものは、どう考えても今の日本には存在しませんね。

それにもかかわらず、みんな知ってる役割語。いったい、私たちはどこでどのようにして役割語を身につけるのでしょうか？そもそも、何のために、役割語が存在するのでしょうか？そして役割語は、誰が、いつ、作ったのでしょうか？

役割語は、現実の日本語とは別の、でも確かに存在する日本語という意味で、〝ヴァーチャル日本語〟です。ヴァーチャル・リアリティ（仮想現実）のヴァーチャルですね。CG（コンピュータ・グラフィクス）の発達によって、ヴァーチャル・リアリティは今日大いにもてはやされています。ヴァーチャル・リアリティは「にせ物の現実」というニュアンスが強いですが、重要なのは、我々にとって「ほんとの現実」(リアリティ)と「にせ物の現実」(ヴァーチャル・リアリティ)は本質的に区別できない、という点です。ヴァーチャル日本語もいっしょです。言われてみれば嘘だとわかるのに、いかにもそれらしく感じてしまう役割語。いったい、日本語にとって、言語にとって、「現実」とは何なのでしょうか?

本書は、これらの謎に取り組むことを目的として書かれています。キーワードは、「ステレオタイプ」と「標準語」です。役割語の世界はとても深いので、本書では細い道筋をつけることしかできませんが、しかし読み終わると、今まで当たり前に読んだり書いたり話したりしてきた日本語がまったく違ったものに見えてくるはずです。改めてご招待します。

ようこそ、役割語の世界へ!

目　次

第一章　博士は〈博士語〉をしゃべるか

1　お茶の水博士

漫画の世界には、「博士」と呼ばれる人物が多く登場する。たとえば、瀬戸・山本『漫画博士読本』は、一九四七年発表の手塚治虫「火星博士」以降の漫画に登場した博士を集めて解説した本であるが、ここには一五七人の博士が登録されている。この中から、博士の代表として、「鉄腕アトム」（手塚治虫、一九五二年に連載開始）に登場する「お茶の水博士」の言葉づかいに着目してみたい。

お茶の水博士のせりふは次のようなものである。

お茶の水博士「親じゃと？　わしはアトムの親がわりになっとるわい！（九二頁）／アトムどうじゃ（九九頁）／人間のふりをして煙にとっつかれてみんか（三一五頁）」
（手塚治虫「鉄腕アトム①」）

これらは、いかにも漫画の中の「博士」がしゃべりそうな言葉づかいである。これを仮に、〈博士語〉と呼んでおこう。〈博士語〉は、ひとりお茶の水博士に留まらず、作家も

お茶の水博士　「鉄腕アトム①」92頁

発表年も異なる多くの「博士」に共通して認めることができる。たとえば次のような例である。

阿笠博士「いやー、この子の親が事故で入院したんで、ワシが世話を頼まれとったんじゃが、ワシも一人暮しでなにかと大変なんじゃ…」

（青山剛昌「名探偵コナン①」六一頁）

オーキド博士「この中から、好きなポケモンを選び出し……、野生のポケモンと戦わせ、勝つと採集できるんじゃ……。」

（穴久保幸作「ポケットモンスター①」二〇頁）

たまねぎ博士「新発明のテストをしておったんじゃ。わしはそこの研究所の玉根木じゃ。はやくたすけてくれ。」

（矢玉四郎「たまねぎ博士①号タリラン」一〇頁）

〈博士語〉に現れる言語的な特徴を、いわゆる

阿笠博士　「名探偵コナン①」61頁

オーキド博士　「ポケットモンスター」20頁

〈標準語〉と対比しながら整理すれば、表1－1のようになる。

　これらの特徴の対立は、実はそのまま日本の東西方言の対立（表1－2）によく重なる。日本の方言をいろいろな特徴で分類していくと、多くの特徴が日本の東西で二つに分かれて分布していることがよく知られている。その境界線は、特徴によっていくぶんずれるのだが、北は富山県と新潟県の境辺り、日本アルプスを通って、南は愛知県から静岡

表 1-1　〈博士語〉と〈標準語〉

	〈博士語〉	〈標準語〉
断定	親代わり**じゃ**	親代わり**だ**
打ち消し	知ら**ん**，知ら**ぬ**	知ら**ない**
人間の存在	**おる**	**いる**
進行，状態等	知っ**ておる**／**とる**	知っ**ている**／**てる**

表 1-2　西日本方言と東日本方言

	西日本方言	東日本方言
断定	雨**じゃ**，雨**や**	雨**だ**
打ち消し	知ら**ん**，知ら**へん**	知ら**ない**，知ら**ねえ**
人間の存在	**おる**	**いる**
進行，状態等	降っ**ておる**／**とる**，降り**よる**等	降っ**ている**／**てる**
形容詞連用形	赤(あこ)**う**なる	赤(あか)**く**なる
一段活用動詞，サ変動詞命令形	起き**い**，**せえ**等	起き**ろ**，**しろ**等

県に抜ける辺りに集中しているのである(図1-1)。このような東西方言の対立の中でも、特に文法的対立が、表1-1にとてもよく似ているのである。

ただし、細かな違いもある。漫画のお茶の水博士のせりふを見ていると、断定に「じゃ」を使うときもあるが、「だ」を使うこともかなり多い。文法的に、必ず「じゃ」を使うというより、フレーバー的に時々「じゃ」を使う、という感じである。それから、形容詞連用形の「赤《あこ》うなる」など、いわゆるウ音便はあまり用いない。また、西日本方言の中でも「雨**や**」「知ら**へん**」などの形は、もちろん用いない。

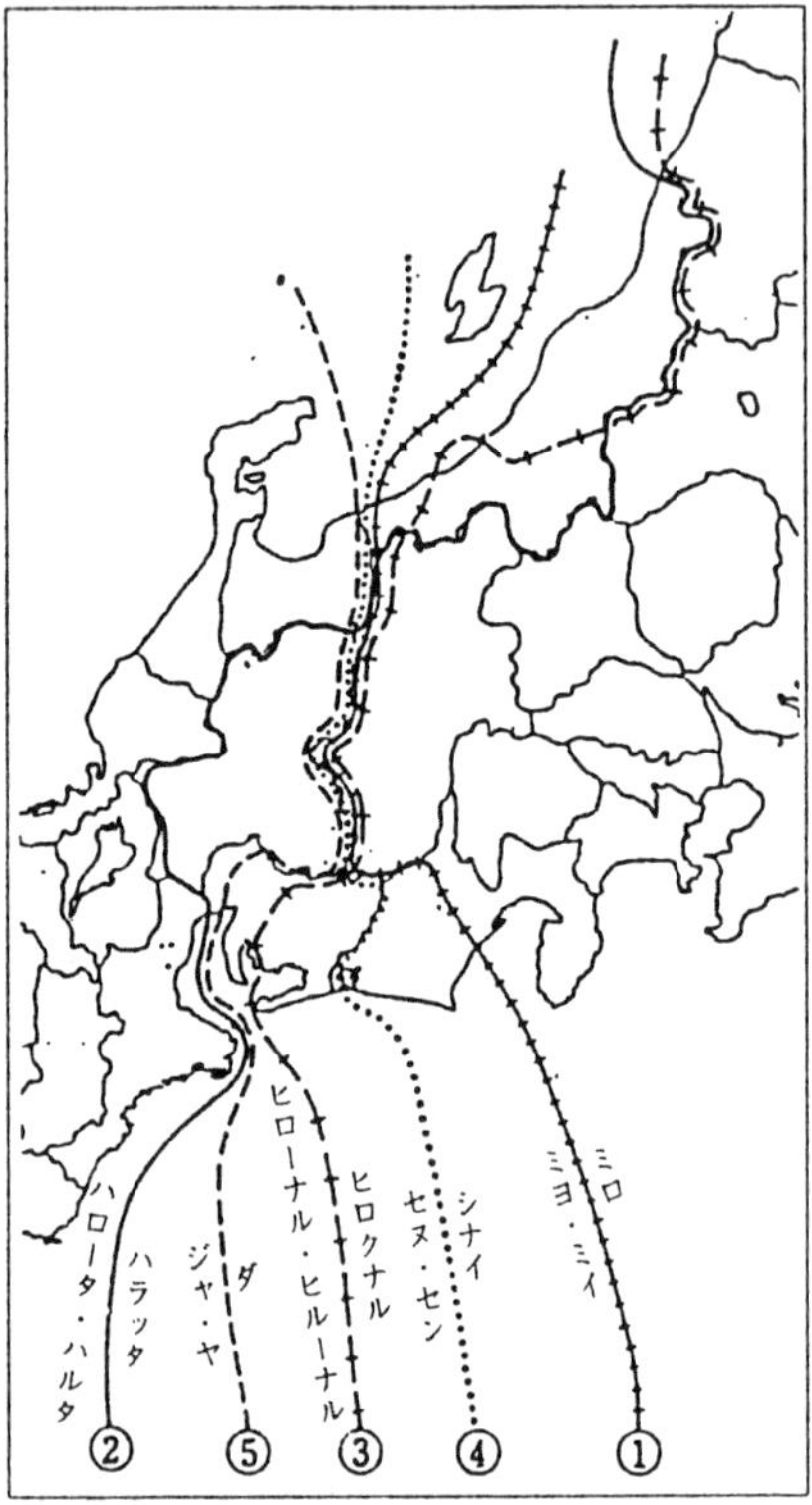

図 1-1　方言の東西対立（出典：徳川宗賢『日本語の世界 8 ── 言葉・西と東』中央公論社，1981）

つまり、〈博士語〉は部分的ではあるが現代西日本方言の文法の特徴を持っており、その点で〈標準語〉と対立するということになる。なお〈標準語〉は後に述べるように東京山の手の言葉を基本として作られており、文法的には東日本方言の特徴を持っているのである。

ここで、重大な謎が浮かび上がってくる。漫画を見ていても、お茶の水博士がけっして西日本出身の人物として描かれているのではない。

謎1　なぜ、博士は西日本型の言葉を用いるのだろうか？

さて、この謎に取り組む前に、もう少し〈博士語〉を観察しておこう。お茶の水博士の言葉には、今まで見てきた文法的な形式以外にも、一人称代名詞や助詞に独特な特徴が見える。代名詞としては、「わし」「わがはい」「わたくし」「わたし」等を用いる。特に「わし」「わがはい」はいかにも博士らしい。逆に、「ぼく」「おれ」はあまり用いないようである。文末に現れる終助詞としては、「わい」「のう」が特徴的である。また呼びかけの間投助詞「や」(例「アトムや」)なども目立つ。

2　天馬博士

〈博士語〉をしゃべらない博士

漫画の「博士」の言葉を調べていくと、〈博士語〉を使わない博士もまた存在することがわかる。そして、〈博士語〉を使う博士と使わない博士では、一目見て判定できる相違点があるのである。たとえば、〈博士語〉を使わない博士の典型として、同じく「鉄腕ア

天馬博士　「鉄腕アトム①」59頁

トム」に登場する「天馬博士」を挙げよう。天馬博士の言葉づかいは次のようなものである。

天馬博士「うるさいやつだ／ロボットのくせに／わしがつくってやったことを忘れてとんでもないやつだ／どうだ／口もきけないだろう」
（手塚治虫「鉄腕アトム①」五九頁）

ここでは、〈博士語〉に見られた特徴、特に西日本型の特徴がほとんど現れていないことがわかる。

さて、「お茶の水博士」と「天馬博士」の外見的特徴の最も大きな相違点は、お茶の水博士が禿げていて、かつ残っている毛は白髪であるのに対し、天馬博士は毛がふさふさとしていてしかも黒髪であるという点であろう。すなわち、お茶の水博士には老人的特徴が顕著であるのに対し、天馬博士はそうではないということである。つまり、

〈博士語〉をしゃべる博士は、博士であると同時に、老人でもあったのだ。逆に、老人らしくない博士は、漫画の中でもあまり〈博士語〉をしゃべらないようである。「鉄人28号」（横山光輝、一九五六～一九六六年連載）の敷島博士、「Dr.スランプ」（鳥山明、一九八〇～一九八四年連載）の則巻千兵衛などがこの類型に属するであろう。逆に、老人らしい博士でも〈博士語〉を使わせない作品もあるが、若く見えるのに「～じゃ」「わかっておる」等のはっきりした〈博士語〉を用いることはごく稀であるといってよいであろう。

でも まる子《こ》の
いうとおりじゃなあ
ほんとにみんな
お金《かね》もらえるから
働《はたら》いとるしのう
おじいちゃん
いっちゃえ
いっちゃえ
――っ
ともぞうじいさん　「ちびまる子ちゃん④」90頁

〈博士語〉は〈老人語〉？

実は漫画・アニメ等には、博士でもないのに〈博士語〉とそっくりの言葉づかいをする人物がよく登場する。それは決まって、白髪または禿頭、時には腰も曲がった老人である。

ともぞうじいさん「でもまる子のいうとおりじゃなあ／ほんとにみんな／お金もらえるから働いとるしのう」

（さくらももこ「ちびまる子ちゃん④」九〇頁）

猪熊滋悟郎「そんな男にうつつをぬかしておるから、練習に身が入らんのぢゃ!!」

（浦沢直樹「YAWARA!①」二八頁）

猪熊滋悟郎　「YAWARA！①」28頁

これらの言葉づかいを、〈老人語〉と呼ぶことにしよう。〈博士語〉をしゃべる博士も老人に限られていたことと考え合わせると、〈博士語〉は結局〈老人語〉の一種であった、ということになるだろう（ただし〈博士語〉には、第四章で述べる〈書生ことば〉の特徴も入っている）。さらに物語や漫画等に出てきて〈老人語〉をしゃべる人物をよく見てみると、単に年を取っているだけでなく、威厳がある、重々しい、王様のように権力を持っている、知恵があって主人公に助言を与えたり逆に主人公に害をなす、あるいは単に老いぼれて弱々しい、ぼけている、等の性質を持っていて、ストーリーの中でその性質が重要な意味を持っている場合が多いことに気づくのである。「博士」とはまさしく知恵の象徴であり（時には邪悪な知恵の象徴であったりもする）、ストーリーにおける老人的性質の一つの典型をなしているのであった。この、ストーリーと人物の特徴との関係は次章で再び触れる。

「現実」とのずれ

さて、〈博士語〉や〈老人語〉は、現実の「博士」や「老人」とどういう関係にあるのだろうか。現実の大学の老教授が〈博士語〉をしゃべるかというと、どうもそんなことはありそうもない（少なくとも私が勤めている大学にはそんな教授はいない）。そもそも、人が年を取ったからといって、今まで普通にしゃべっていたのにだんだん（あるいは急に）〈老人語〉を話すようになった、などということも、あり得ないのである。

〈博士語〉〈老人語〉は現実と一致しないだけではない。「博士」が〈博士語〉を用いるのは、ほとんど漫画や子供向けのSFドラマなどの「幼稚」な作品の中だけであり、大人が接するような小説や、リアルなドラマ等、いわば「高級」なジャンルの作品にはめったに現れない。次の例は、大人向けの小説ではあるが、わざと子供向けらしい人物設定をすることによって、作品を幻想的に見せる効果を狙ったのだろう。「絵本」という体裁を取っていることからもそれはうかがえる。

羊博士「そんなことわしは知らんよ。なにせ二千五百年も昔のことじゃもの、そんなのわかるわけないじゃないか。しかしとにかくそう決まっておるんだよ。それが

羊博士　「羊男のクリスマス」32頁

掟《おきて》というものだ。知っておろうが知らなかろうが、掟を破れば呪いがかかる。呪いがかかれば、羊男はもう羊男ではなくなってしまうんだ。君が羊男音楽を作曲できん理由はそこにあるのだ。うん」

（村上春樹・佐々木マキ「羊男のクリスマス」三〇頁）

ここで、次のような謎が浮かび上がってくるのである。

謎2　〈博士語〉〈老人語〉は、現実にはありそうもないにもかかわらず、いかにもそれらしく感じられるのはなぜか？

3　〈博士語〉をさかのぼる

手塚治虫の初期作品

〈博士語〉の典型として「お茶の水博士」を例に取ったが、手塚治虫自身は相当早くから漫画に「博士」を登場させ、〈博士語〉を使わせていた。一九四七(昭和二二)年発表の「火星博士」では、善玉のブートン博士と、悪玉のポッポ博士という二人の博士が典型的な〈博士語〉を用いている。

ポッポ博士「こうしてワガハイは生意気な地球のやつらをメチャクチャにかきまわしてやるのさ／スバラシイ考えじゃろが」

ブートン博士「ウーン…恐ろしいもくろみじゃ」

(手塚治虫「火星博士」三三頁)

さらにさかのぼって、同年に発表され、四〇万部刷られてベストセラーとなった「新宝島」では船長が〈老人語〉を用いている。この船長は先のブートン博士とそっくりの容姿をしている。

ピート「ボアール？　それはぼくがつくった海賊ですよ！」

船長「なにをいう／ボアールは片手片足の冷酷な悪人じゃよ」

(手塚治虫「新宝島」三一頁)

ポッポ博士とブートン博士　「火星博士」33頁

そして実は、手塚の中学卒業直後(一九四五年頃)の習作に「幽霊男」という作品があって、これに早くも〈博士語〉を見て取ることができる。次のようなものである。


「世界中の博士《はくし》が集まったやうだ」

「この中にや大抵にせが何人かをるよ」

「イヤわしは何といってもそれが正当だから正当といふんだ」

「誰かわしに弁当をくれんかナア　さうすりやわしは食事の効果的摂取法について実習してみせるが」

「わからんか？　わからんなら教へて進ぜよう　一たす一は二じやよ」

「諸君！　わがはいの説に賛成して呉れ給へ」

「ウルサイツ　貴公のツバでこのへやの湿度が上

つたわい」

「成程！　三才の博士《はくし》ってのは君かネ？」

「真理をといた奴は一人もをらん！　アアなげかはしい次第ぢや」

（以下略）

（伴・手塚プロ「幽霊男」一三九頁）

日本SFの祖・海野十三

さて、手塚の〈博士語〉の、直接の源泉としては、たとえば海野十三（一八九七〜一九四九）の小説が有力である。海野十三は日本SFの祖と呼ばれ、手塚は少年時代に海野の小説を読みふけっていたということである（霜月たかなか（編）『誕生！「手塚治虫」』その他参照）。海野十三の小説の〈博士語〉の例として、次のようなものを挙げることができる。

ボアール？ それは ぼくがつくった海賊ですよ！
なにをいう ボアールは片手片足の冷酷な悪人じゃよ

船長　「新宝島」31頁

人造人間エフ氏をむかえて、イワミ博士は、人間とおなじにあつかった。

「なにかご用ですか」

「幽霊男」139頁

と、エフ氏はいった。

「うむ。わしが作った人造人間じゃが、われながらうまくできたものじゃ。こっちのいった言葉に応じて、ちゃんと返事をするんだから、大したもんだよ」

(海野十三「人造人間《ロボット》博士」(「人造人間《ロボット》エフ氏」を改題)一九二頁、初出一九三九年)

「まあ、そう唇をふるわせんでもいい。いや君の不満なのはよう分っている。しかしじゃ、科学というものは君が考えているより、もっと重大なものだ。時には、結婚とか家庭生活とかよりも重大なも

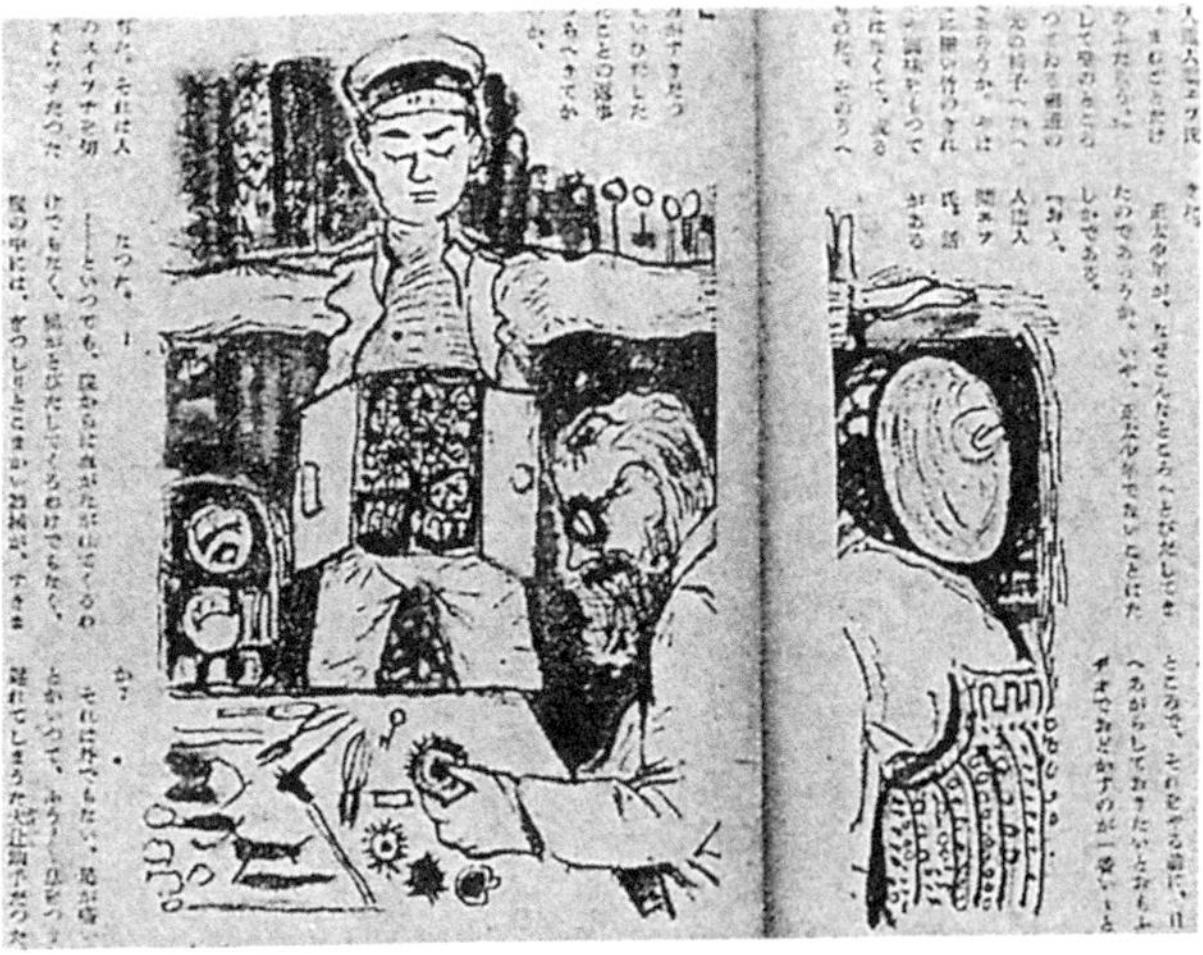

人造人間エフ氏 （初出：海野十三（作）／瀬戸しげを（画）「人造人間エフ氏」『ラヂオ子供のテキスト』1939 年 9 月号，日本放送出版協会．秋山正美「雑誌とまんがに見る昭和初期の児童文学」霜月たかなか（編）『誕生！「手塚治虫」』34 頁より）

のだ。——そう、わしをこわい目で睨むな。よくわかっているよ、君はわしの説に反対だというんだろう。ところがそれはわしの目から見ると君が若いというか、君がまだ多くを知らないというか、それから発したことだ

（海野十三「宇宙女囚第一号」五頁）

『少年倶楽部』

また、手塚が少年時代に読みふけっていた、当時大人気の少年雑誌『少年倶楽部』（一九一四（大正三）～一九六二（昭和三七）年）には、〈博士語〉〈老人語〉をはじ

めさまざまな役割語があふれていた（『少年倶楽部』には海野十三も寄稿していた）。次に示すのは、『少年倶楽部』の人気企画「滑稽大学」である。読者が投稿したとんちなぞなぞを、メチャラクチャラ博士がばさばさと解いていくという趣旨で、毎月一万通の応募があったという。

メ博士　久平君、寒いのう。どうぢや賢問があるか？　愚問はドシ〳〵没にしてくれたまへ！

（中略）

久平　次ぎに東京の平岡正彬《まさよし》君に一本賢問を願ひます。

平岡君　メ博士一問。僕がある日横須賀へ行つたところが、その時士官が二人連で何か持つて歩いてゐた。さて何を持つてゐたか？　又それは何時《いつ》であつたか。さア参つたらう。

メ博士　汝等如きに参つてたまるものかい。士官（四《し》カン）が二人で持つてゐたものは八《や》カン（薬罐）ぢや。そしてそれは夜間ぢやつたのだ、どうぢや恐れ入つたか。

（中略）

メ博士　教へてくれんでもよい。鳴かない（中《なか》ない）ウグヒスぢやから、それはウス（臼）ぢや。ウスボンヤリしてゐては分らんかも知れんが、賢明なる吾輩にはよく分

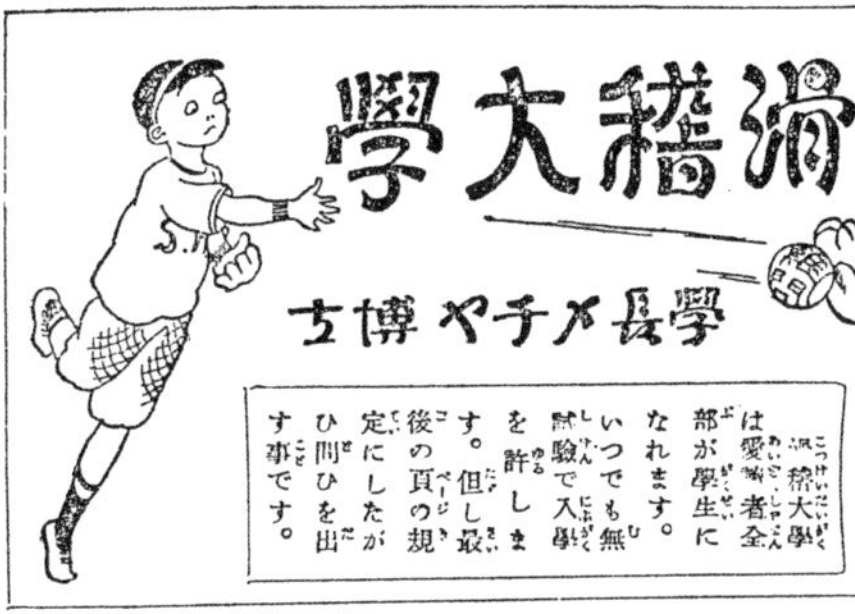

「滑稽大学」142頁

るぢや。

（「滑稽大学」一五九頁）

このようにメチャラクチャラ博士の言葉は典型的な〈博士語〉である。そして、挿し絵に描かれた博士の容姿もまた、類型的な老博士の風貌である。

『立川文庫』と演芸速記本

さて、『少年倶楽部』より少し前に流行した出版物として、『立川《たつかわ》文庫』というものがある。一九一一(明治四四)年頃から、大阪の講談師が講談のネタを本に仕立てたもので、猿飛佐助や太閤秀吉、水戸黄門など、時代物の人気者の冒険活劇で大いに当たった。大阪で始まったものだが、東京でも類似の出版物が作られた。この『立川文庫』は主に時代劇なので、登場人物の言葉については〈武家ことば〉との関連も考えておかなければならないが、たとえば次に挙げる「猿飛佐助」の中の「戸沢白雲斎」の言葉には、〈博士語〉〈老人語〉とのつながりを見てもよいように思われる。白雲斎は佐助に忍法の極意を授ける謎の老人で、役回り的には「博士」によく似ているのである（用例中「老」とあるのが白雲斎）。

老「コリヤ佐助〳〵、汝は何故《なぜ》正体なく寝込んで居《い》る、乃公《おれ》が此処《ここ》へ来たのが分らぬか」と、叱り付けられ、佐助は目を擦《こす》り〳〵起き直り **佐**「ヤア、之《こ》れはお師匠様……、（中略）**老**「黙れツ、武術を心掛けて居《い》る者が、前後を知らぬ程寝ると云ふ事があるか、暗夜《あんや》の礫《つぶて》と云ふではないか、何日《いつ》何時《なんどき》敵に出喰はすやも分らん、万事に油断は大敵じや、今夜は許すが、此の後何日《いつ》来るやも分らぬから、乃公《おれ》が来た時寝て居《い》ると、殴りつけるぞツ」と、云ひ捨てゝ何処《いずこ》ともなく立ち去った、

（「猿飛佐助」九頁、初出は一九一四年）

『立川文庫』が生まれた背景には、演芸速記本の隆盛があった。講談はもちろん、落語、浪花節という寄席の話芸の実演を、近代的な技術である速記で聞き書きし、本に仕立てたものである。始まりは一八八四年刊、三遊亭円朝口演の『怪談牡丹燈籠』であったが、その後東京・大阪で続々と類似の企画の出版物が現れ、雑誌まで出るようになった。『立川文庫』は、速記の手間を省いて演者が直接書き下ろすという発想のもとで始

められたのである。

さて、その速記本の中からも、〈老人語〉を見いだすことができる。『怪談牡丹燈籠』の中の、良石和尚という人物のせりふである。良石和尚は「応験解《おうけんげ》道窮《だうきはま》りなく、百年先の事を見抜く程」という超能力の持ち主で、主人公の孝助に不思議な予言とアドバイスを与えて助ける役割を担う人物である。

良「孝助殿はどうも遁れ難い険難じゃ、なに軽くて軽傷《うすで》、それで済めば宜しいが、どうも深傷《ふかで》じゃろう、間が悪いと斬り殺されるという訳じゃ、どうもこれは遁れられん因縁じゃ」
（三遊亭円朝「怪談牡丹燈籠」二三五頁、初版は一八八四年）

戸沢白雲斎と猿飛佐助　「猿飛佐助」『立川文庫』第四十篇，5頁

戯作の世界

速記本以前に、〈老人語〉を含むような、談話体の作品を探すと、

戯作および歌舞伎に行き当たる。歌舞伎については後ほど触れるとして、明治初年に生き残った戯作の代表作、仮名垣魯文(一八二九～一八九四)の『牛店雑談安愚楽鍋』(一八七一(明治四)～一八七二(明治五)年)の中から、「藪医生《やぶいしゃ》の不養生」を見てみよう。

ア、けふハさむかツた〱たまに病家《びょうか》から人がきたと思ツたら愚老などにはなか〱手も付《つけ》られぬ難症の様子じやから切抜《きりぬけ》やうとハ思ツたがまゝヨあやうい橋も渡らんけれバまぐれ当りといふこともないと勘考して診察しておる処え親類共から立合せるといふ西洋家の散切《ざんぎり》医者めが出かけてうせおツたでその場をゆずツて直《すぐ》に脱走もきめられんから談合して見たところが彼奴《きゃっ》なか〱の功者と見へて愚老なぞが足元へもおツ付くことでハないからいゝかげんなごまかしをいツて脱して来たが当節のやうに医道が盛んにひらけてハ一文不通の愚老なぞが医者の真似をしてゐる処《とこ》でハないテ
（「藪医生の不養生」『牛店雑談安愚楽鍋』三篇上一八丁表）

ここでは、単に老人というだけではなく、医者という威厳のある職業を持った人物であるという点に注目したい。後の、「博士」に通じる立場である。

時代をさらにさかのぼって、式亭三馬(一七七六～一八二二)の『浮世風呂』(一八〇九～一八一二年)を例に取ってみよう。この滑稽本に登場するのはほとんどが江戸の庶民であ

り、東日本型の言葉である江戸語を話しているのだが、わずかの例外がある。それは上方者と、老人である。前編巻之上には、「七十ばかりのいんきよ、置づきん紙子のそでなしばおり、十二三のでつちに、ゆかたをもたせてつゑにすがり、くちをむぐ〳〵しながら」という風体の老人が登場する。

ばんとう「御隠居さん、今日はお早うござります　いんきよ「どうじや番頭どの。だいぶ寒くなつたの（中略）ヤゆふべは寐《ね》そびれてこまり切《きつ》たて。それに犬めが、ヤないた〳〵。此《この》としになるが、ゆふべほど犬の吠《ほえ》た晩は覚《おぼえ》ぬ。

（「浮世風呂」前編巻之上、一八〜一九頁）

「藪医生の不養生」『牛店雑談安愚楽鍋』三篇上18丁表

この老人は、江戸の人間であるはずなのに、西日本型の文法形式を多く用いて話している。なぜ、江戸の老人は西日本型の言葉をしゃべるのだろうか?

『四谷怪談』から

近世後期には歌舞伎において〈老人語〉の表現類型がすでに定着していたらしいことが古田東朔氏の一連の研究(参考文献参照)から知られる。古田氏は、四世鶴屋南北(一七五五~一八二九)らによる歌舞伎作品「東海道四谷怪談」(一八二五年初演)に登場する人物の言葉づかいを、上方風か東国風かという観点から分類した。ここで上方風というのは、西日本型の文法で話すということで、断定の「じゃ」、打ち消しの「ぬ・ん」、ア・ワ行五段動詞連用形のウ音便(「こうた」「しもうた」等)、形容詞連用形のウ音便(「ようわかる」「あこうなった」等)を用いることをいう。逆に東国風とは、断定の「だ」、打ち消しの「ない」、ア・ワ行五段動詞連用形の促音便(「かった」「しまった」等)、形容詞連用形の非音便(「よくわかる」「赤くなった」等)を用いることをいう。調査の結果、「東海道四谷怪談」の登場人物は次のように分類された。

a　上方風の言い方をする者…武士、武士の妻女、老人、上方者
b　東国風の言い方をする者…江戸の庶民
c　両方の言い方をする者…本来武士だが、庶民の世界に深く関わっている者、その他

上方者が上方言葉をしゃべるのは当然である。また武士やその妻女が上方風にしゃべるのは、後に述べるように、武家言葉が上方の言葉を基本にしているためである。ここで、老人が上方風の言い方をする人物として描かれている点に注意したい。次のような例である。

孫兵　ア、、何《なん》じや此衆は。物もらいにしては、扨《さて》人がらのよひ女非人《おんなひにん》。コレ、こなた衆《しゅ》は此川ばたにいやるからは、ひよつと爰《ここ》へ、アノ、杉戸にぬふたる男と女の、うき〔浮〕死がいが流《ながれ》ては来はせぬか。どふじや〳〵。

（「東海道四谷怪談」一四八〜一四九頁、初演は一八二五年）

江戸語の形成

このように〈老人語〉として上方風の語法が採用された背景には、江戸語形成の過程が深く関与していると思われる。小松寿雄氏は、江戸語形成を第一次形成（寛永期：慶長（一五九六）〜明暦（一六五七））、第二次形成（明和期：一七六四〜一七七一）、第三次形成（化政期：文化（一八〇四）〜文政（一八二九））の三つの過程に分けている（『江戸時代の国語　江戸語』）。第一次形成では武士の言葉が形成されるが、江戸の町全体としては方言雑居の状態であった。第二次形成では、町人層にも江戸の共通語というべき言葉が形成されていった。

小松氏は、こののち、「上方語的表現と東国語的表現の対立は、方言間の対立ではなく、江戸語内部の階層的対立へと変質していく」(九〇頁)としている。第三次形成では、下層の東国語的表現が次第に非下層に浸透していく過程が認められるという。

『東海道四谷怪談』に見られる〈老人語〉の表現は、小松氏のいう第二次形成から第三次形成に見られた階層的対立を、世代間の対立として写し取ったものと見られる。すなわち若年・壮年層の人物が、いち早く江戸の新共通語である東国的表現を自分たちの言葉として駆使していた時点で、老年層は未だ上方語的表現を、規範的な言葉として手放さなかったというような構図が、江戸においてある程度現実に存在したのであろう。歌舞伎の表現は、それをより誇張し、図式・記号的に登場人物に割り当てているのである。

〈博士語〉〈老人語〉の起源

結局、〈老人語〉の起源は、一八世紀後半から一九世紀にかけての江戸における言語の状況にさかのぼるということがわかった。当時の江戸において、江戸の人たちの中でも、年輩の人の多くは上方風の言葉づかいをしていたのであろう。特に、医者や学者などの職業を持つ人物は、言葉づかいに保守的であり、古めかしい話し方が目立ったと思われる。そのような現実の状況がより誇張されて、歌舞伎や戯作などに描かれたのである。

それ以降、現実の方は動いていって、江戸でも江戸語を話す人々が増加していった。

そして明治に入ると、江戸語の文法を受け継いで新しい〈標準語〉が形成されていく。ところが文芸作品、演劇作品の中では、伝統的に「老人」＝上方風の話し方という構図がそのまま受け継がれていくのである。

〈老人語〉が保持され、展開していく過程では、近代のメディアの発達と新しいジャンルの発展が大いに力を与えた。伝統的な落語・講談は近代的な出版メディアに乗って速記本、『立川文庫』を生み出し、さらに『少年倶楽部』のような少年雑誌の世界へとつながっていく。〈老人語〉はここで、「博士」という新しいキャラクターと出会い、さらに漫画作品の中で増殖していくのであった。

本章では、現代語の〈博士語〉から〈老人語〉への展開を細い糸のようにたどって、江戸時代までたどり着いた。実際には、本章で取り上げた用例は〈博士語〉〈老人語〉のごく一部に過ぎず、〈老人語〉〈博士語〉の伝承はもっと幅広い、川の流れのようなものであっただろう。しかしその中でも、『少年倶楽部』や手塚治虫は、影響力の大きさという点でその拡散に力があったはずである。

特に、少年小説や少年漫画など、子供向けのメディアに〈老人語〉〈博士語〉が受け入れられたことは重要な意味を持っている。なぜなら、役割語のような文化的ステレオタイプの知識は、幼年時代に形成され、成年しても消え去ることがないからである。少年は大人になって次の世代の新しい作品の作り手となり、再び同じような役割語を作品に用いる。このサイクルが繰り返されることにより、現実社会とはほとんど無関係に世代を超えて役割語が受け継がれていくわけである。この過程については、第二章で詳しく論じていく。

第二章　ステレオタイプと役割語

1　ステレオタイプって何

小説家の悩み

清水義範氏は、言葉づかいや文体、話体について大層意識的な作家であり、言葉の仕掛けを巧みに使った衝撃的な作品をいくつも発表している。その清水氏が、エッセイ「小説の中のことば」で次のように書いている。

現実には、会社で上司が部下に仕事を頼む時に、「今日中にやっといてくれたまえ」とは言っていない。調べてみればすぐわかる。「それ、今日中にね」だったりする。「今日中にやってもらえるかな」だったりもする。時には「今日中にやってちょうだいね」だったりすることさえある。

しかし小説の中の上司の台詞《せりふ》としては、現実の会話をそのままテープ起こししたように、「やってちょうだいね」とは書けないのだ。書いてもいいけど、その場合には、その上司を主人公にしてみっちりと人間性を描写しなければならない。

そこにだけ出てくる脇役の上司が「やってちょうだいね」と言っちゃうと、小説がズレていってしまうのだ。だから脇役の上司は、「やってくれたまえ」と、**約束ごとの、記号的台詞**を言ってすぐ消えてほしいのである。

それが、小説の中の台詞のことばづかいの不思議さ、なのである。

たとえば小説の中に、昔を知る老人が出てきて、失われていた伝説を物語るシーンなどがあるとする。そういうB級小説だと、老人はこう言う。

「わしは見たんじゃよ。知っておるんじゃ」

いまどき、わし、なんて言う老人はあまり見かけないよねえ。……じゃ、なんて、村山富市さん以外に言う人はそういない。

しかし、そう書くのが小説のパターンなのだ。そう書いたほうが、型通りで納得しやすいのである。

パターンをなぞり、型通りにやってわかりやすい、という小説は、だからB級作品なのである。深みのある小説を書こうとする時は、こういう型通りの台詞はなるべく避ける。

とは言っても、現実をテープに録音して、**テープ起こししたようには台詞は書けるものではない**。八十歳の老人が、「ぼくちゃん知ってるもんねー。昔見たんだもーん」と言うこともあるのが現実なのだから。脇役の老人がそう言っちゃうと小説はガタガタである。

小説の中の会話は、**小説用に再構成された虚構のことば**である。私などは、なるべくそういう型としてのことばではなく、リアルなことばを書きたいと思っているのだが、それでも完全にそう書けるわけではない。

（清水義範『日本語必笑講座』三四〜三六頁）

ここで述べられているのは、まさしく役割語のことである。例として、サラリーマンの「〜たまえ」と老人の「〜じゃ」が取り上げられているが、もちろん、後者は第一章で取り上げた〈老人語〉である。前者は、仮に〈上司語〉としておこう。

清水氏はこの部分で、役割語と現実のずれについて述べている。しかも、ずれているにもかかわらず、役割語を使った方が「型通りで納得しやすい」、だから使わざるを得ないのだ、とも書いている。これは、第一章で示した**謎2**とそのまま重なる。

謎2　〈博士語〉〈老人語〉は、現実にはありそうもないにもかかわらず、いかにもそれらしく感じられるのはなぜか？

清水氏は加えて、重要な指摘をしている。脇役の上司は型どおりの〈上司語〉を使わせておけば十分である。しかしもっとリアルなせりふをしゃべらせたかったら、その人物についてみっちりと描写をしなければならない。逆に、役割語ばかり使う作品は、わかりやすく、それゆえにB級作品である、と。第一章を思い返してみても、近代になってから〈老人語〉〈博士語〉が目立つのは、児童小説、漫画など子供向けの作品か、わざと子供向けの絵本めかして作られた作品などであった。ここで、新たな謎が生じてくる。

謎3　なぜ〈上司語〉〈老人語〉を使わせられる人物は脇役なのか？

謎4　役割語を多用する作品は、なぜ子供向けの作品が多いのか？

この謎に挑むために、ここで「ステレオタイプ」という概念を紹介しておこう。

ステレオタイプの研究

社会心理学、社会言語学に「ステレオタイプ」という概念がある。我々は日常生活の中で人間を性別、職業、年齢、人種等で分類しがちである。その分類(カテゴリー)に属する人間が共通して持つと信じられている特徴のことを、ステレオタイプという。たとえば、「日本人は勤勉である」「女性は感情的である」等々。

「ステレオタイプ」という概念は、一九二二年の『世論』という本の中で、ジャーナリストのリップマンによって使いはじめられた。リップマンは最初は、情報にあふれた日常生活を効率よく暮らしていくために必要な仕組みとして、ステレオタイプを好意的に捉えている。

人間に限らず、我々は日々新たな事物と出会って暮らしている。その事物をいちいちじっくり観察して対処していては、とても間に合わない。そこで、本能や文化によってあらかじめ用意されたカテゴリーに目の前の対象を当てはめ、そのカテゴリーとセットになった特徴、すなわちステレオタイプを目の前の対象も持っているはずだと仮定してかかって、行動するのである。

対象を分類し、それが持つ特徴を仮定して行動するという処理の流れは、動物全般が持っている認知的な特徴であり、なんら特別なことではない。むしろこのような処理がなければ、その種は滅びてしまうかもしれない。たとえば目の前の物体が餌かどうか、いちいち確かめていては食事もできないではないか。

しかし人間が人間を分類、カテゴリー化する場合には、とたんにさまざまな問題が出てきてしまう。すなわち、人間の多様な個別性に注意を払わず、見た目や性別、国籍といった表面的な特徴で分類し、ステレオタイプに当てはめ、それに基づいて行動するときに、偏見や差別が生じる。たとえば、「女性は知的能力において男性に劣る上に感情的で、組織的行動になじまない」などというステレオタイプに結びついた偏見によって、女性の就職が妨げられる、といったように。

　整理しておくと、ステレオタイプとは、混沌とした外界を整理しながら把握していく人間の認知特性と結びついた現象であるといえよう。認知とはすなわち外界に関する知識の処理のことをいうのである。一方、ステレオタイプに関する知識が一定の感情(主として否定的感情)と結びつくとき、その知識と感情のセットこそが「偏見」であるといえる。また、偏見が特定の行動と結びついて、偏見を持たれた人間にとって不当な結果を招くとき、その行動を「差別」という。

　社会心理学では、ステレオタイプと結びついた偏見・差別を克服することを視野に入れて、国籍・人種に関するステレオタイプや、性ステレオタイプが多く研究されてきた。また、日本人文化に特有の現象として、血液型ステレオタイプについても研究がある。

　ここまで見てきたとき、役割語とは、言語上のステレオタイプに他ならないことがわかる。ステレオタイプの言語的側面に重点をおいた研究としては、女性語・男性語の区別が社会言語学の分野で比較的よく研究されている。これは昨今のジェンダー研究の高まりと呼応した傾向であるといえる。しかし、それ以外にどのようなステレオタイプ的言語(すなわち役割語)が存在するか、またそれぞれがどのような機能や歴史を持っているかといった点については、従来あまりまとまった研究がない。

2 「現実」対「仮想現実」

役割語と位相・位相差

なお、従来の国語学(日本語学)において、方言以外の日本語のヴァリエーションを扱う分野として、「位相」および「位相差」研究というものがある。田中章夫『日本語の位相と位相差』から、位相・位相差について説明している部分を引いておこう。

ことばには、性別や世代の違いによって、あるいは社会階層・職業などの違いによって、さまざまな差異や対応がみられる。また、軍隊・遊郭・やくざなど、閉鎖性の強い集団には、その集団独特なことばが生じやすい。

一方、話しことばと書きことば、詩歌と散文など、表現様式の違いによって、ことばの差異や対立がもたらされることもある。演説には演説特有の、また手紙には手紙独特のことばが用いられるというように、場面によって違いが生じる場合もある。

このように、社会的な集団や階層、あるいは表現上の様式や場面それぞれにみられる、言語の特有な様相を「位相」と言い、それに基づく、言語上の差異を「位相

差」と呼ぶ。　　　　　　　　　　　　　　　　　　　　（一頁）

言葉の位相・位相差と役割語とは、よく似ている部分と大変異なっている部分がある。違っている部分から先に述べておくと、言葉の位相(差)は、「現実」(リアリティ)における様相・差異を学者が研究することによって得られるのに対し、役割語は、私たち一人一人が現実に対して持っている観念であり、いわば「仮想現実」(ヴァーチャル・リアリティ)なのである。

「現実」というと、誰の目にも明らかなことのように思われるかもしれないが、必ずしもそうではない。位相・位相差は、研究者がフィールド・ワークや文献の調査等の手続きを経ることでようやく明らかになるもので、一般の日本語話者には見えていないことが多いのだ。むしろ一般の話者が知識として持っているのは、役割語の知識なのである。

そもそも、位相・位相差研究に用いられる言語資料は現実の会話を録音したものを用いる場合もあるが、多くは小説、シナリオ等の作品を用いている。特に、テープレコーダが利用できなかった時代の資料となると、作品として書かれたものしか利用できない。小説、シナリオ等の作品は、作家によって作り出された「仮想現実」の世界であり、そこで用いられるのは役割語である。「テープ起こし」したようには台詞は書けるものではない」(清水義範氏)のである。研究者が現実の位相・位相差として提示しているものは、仮想現実的な役割語から一定の手続きを経て、還元的に取り出したものである。

現実と役割語との距離

第一章で見た〈博士語〉〈老人語〉のような、明らかに現実には存在しない話し方の場合は、役割語ではあっても位相差ではないということになるだろう。このように、明らかに役割語と位相・位相差の指し示すものが食い違っている場合がある。

しかし、役割語とも捉えられるし、現実の位相差としても存在するような言葉づかいがある。そのような場合の役割語と位相・位相差の関係はどのようなものであろうか。

たとえば、女性の言葉を例に取ろう。現代日本語には、原則的に女性しか用いない、女性特有表現ともいうべき語形・語法があるといわれる。たとえば文末が上昇調になる「明日は雨だわ」、感動を表す「きれいだこと!」等の表現である。これらの表現が女性特有であることは日本語の母語話者なら誰でも知っていることで、小説やドラマの対話の中にも当たり前のように用いられている。しかし、現実の日常的な会話の中で、女性がこれらの女性特有語をどれくらいの頻度で用いているか、ということは、一般話者にはわからない。話者の年齢や方言にもよるが、実は現実には女性特有表現の使用頻度は驚くほど小さい(本書第五章参照)。つまり、我々の役割語の知識は、けっして、現実の忠実な反映ではない。現実との距離は、近い場合もあれば、まったく現実と無関係、という場合まで、さまざまであるが、必ず何らかの形でバイアスがかかっていると考えてよい。それは、ステレオタイプ的知識一般にいえることなのだ。

このように見てくると、日本語のヴァリエーションの総体を捉えるためには、「現実」すなわち位相・位相差の観点から見ていくだけでは不充分で、役割語の観点を加えることが極めて重要であるということがわかる。

さて、ここで新たな謎が生じてくる。役割語が現実の忠実な再現でないとすれば、

謎5　我々は、役割語の知識をどこから、どのようにして得ているのであろうか？

3　文化・メディアとステレオタイプ

サブタイプ化

ステレオタイプに現実の有様が必ずしも忠実に反映されないことについては、社会心理学でも問題にされ、このことを説明するために、人間の心の中で行われる情報処理についていくつかのモデルが提案されている。上瀬由美子氏の『ステレオタイプの社会心理学―偏見の解消に向けて―』に紹介されている情報処理モデルの例を紹介しよう。

たとえば、あるカテゴリーにいったん強固なステレオタイプが結びつけられると、現実世界の中でそのステレオタイプに合わない対象を見ても、ステレオタイプ自体を捨て去るのではなく、その対象が「例外」なのだとして排除する傾向が我々の心にはあるとされる。これを、「サブタイプ化」と呼ぶ。たとえば、「女性は仕事ができない」というステレオタイプを持っている人が、バリバリ仕事をこなす女性に出会ったとしても、「彼女はキャリアウーマンだから特別なのだ」と見なして、女性の特別なタイプ(サブタイプ)として扱う。逆に、ステレオタイプに合致する女性に出会うと、「やっぱり女は……」という形でステレオタイプが活性化される。結果的に、どちらにしても、ステレオタイプ自体は保持されてまったく傷つかない(上瀬氏前掲書、六〇頁)。

先に触れた、女性特有表現についても、このサブタイプ化が効いている可能性がある。すなわち、女性特有表現を含めて「女性はこのようにしゃべる」というステレオタイプがあって、これに合わないしゃべり方をする女性に出会っても、「男みたいにしゃべる人だ」という形でカテゴリーから引き離すことにより、ステレオタイプが保持される。一方、ことさらに女性的に話す人に出会えば当然ステレオタイプは強化されるし、傾向的に女性的なしゃべり方から逸脱しない普通の話し方も、ステレオタイプを弱めることはない。結局、いったんできあがってしまったステレオタイプはなかなか根底から崩されることはむずかしいのである。

二重処理モデル

上瀬氏はまた、ブリューワーが一九八八年に提出した、「二重処理モデル」という対人認知の処理モデルを紹介している。上瀬氏の要約を引用する。

　他者を前にしたとき、私たちはまず、相手の人種・性・年齢などを自動的にカテゴリーに当てはめて判断します。相手のことをそれ以上知る必要がない(自分とは関連性がない)場合には、情報処理はこの自動処理の段階で終了します。しかし、もっと相手のことを知る必要があるときには、次の統制処理の段階に進みます。ブリューワーは、この段階の処理には、「カテゴリーベースのモード」と、「個人ベースのモード」があると考えています。

　このうち「カテゴリーベースのモード」は、私たちが頭の中にすでに形成している情報にもとづき、ステレオタイプ化して相手を判断する場合です。相手についてさほど深く知る必要がない(自己関与がない)場合には、この処理モードが選択されます。相手がカテゴリーによく当てはまっていれば、それで情報処理は終了しますし、当てはまらないときには特殊事例として個別化(individuation)して理解されることになります。ある社会的カテゴリーの一員であるけれど、例外的で特殊な人物として判断されるのです。先にサブタイプ化についてふれましたが、それもこの個別化の過程の一つです。個別化の判断が行われても、特定の社会的カテゴリーは活性化され、カテゴリーにもとづく判断がなされています。

一方、「個人ベースのモード」では、相手の固有の特徴に注目して印象が形成されます。これは、相手《（ママ）》が自分にとって深く関与したい人物に対して行われる情報処理です。ここではカテゴリーに関連する情報は重要とされません。この処理過程では、ステレオタイプにもとづかない、個人化(personalization)された情報処理が行われます。この処理過程では、相手の所属している社会的カテゴリーは、その個人の属性の一つとなります。（七八～八〇頁）

ここでは、相手が自分にとって深く関与したい人物かどうかによって、「カテゴリーベースのモード」で終わるか、さらに「個人ベースのモード」に進むかという違いが出てくるのだと述べられている。この仮説は、興味深いことに、本章の最初に引用した清水義範氏のエッセイから導かれた**謎3**をうまく説明してくれる。

謎3　なぜ〈上司語〉〈老人語〉を使わせられる人物は脇役なのか？

脇役とは、すなわち読者があまり関与する必要のない人物なので、カテゴリーベースのモードで十分であり、このモードの処理に適するように、作者はステレオタイプに従った人物描写をすれば十分である。しかし、主たる登場人物については、個人化された、深い処理を読者に要求しなければならない。そのためには、むしろステレオタイプを破って、読者の注意を引きつける必要があるのである。逆にいえば、カテゴリーベースのモードしか読者に要求しないような作品は、結局常識的なステレオタイプの域を脱することができないのであり、その意味でB級作品たらざるを得ない。

さて、サブタイプ化にしても、二重処理モデルにしても、ステレオタイプ自体は現実とさほど遠いものではないという想定のもとで働くものと考えられる。しかし、〈博士語〉〈老人語〉などを見ると、そもそも、ステレオタイプに当てはまる対象が現実に存在しない。それだけでなく、現実にはけっして出会う可能性のない対象についてさえ、我々はステレオタイプ的知識を持っている。言語についていえば、王様、お姫様、ロボット、宇宙人、インディアン等が話す言葉づかい(すべて日本語!)を我々はイメージすることができる。我々がこれらの人々(?)に出会う可能性はまず無い(あったとしても、これらの人々は日本語を話さないであろう)にもかかわらず、である。このような状況では、現実を反映しないステレオタイプがどのように形成され、そしてどのようにして我々がそれを受け入れるのか、という問題を説明しないといけないのだが、サブタイプ化や二重処理モデルではそれはむずかしい。

分離処理モデル

この点について、うまい説明を与えてくれる処理モデルの仮説が、上瀬氏前掲書に紹介されている。デヴァインが一九八九年に発表した「分離処理モデル」である。

デヴァインによれば、社会に一般的に普及しているステレオタイプに関する知識は「ステレオタイプ的知識」あるいは「文化的ステレオタイプ」と呼ばれ、我々が妥当性を批判的に検討できない幼少期に、養育者や周囲の環境から獲得するという。文化的ステレオタイプは幼いころから活性化が繰り返されるため、各知識の連合が強固になっている。そのため、ステレオタイプ的知識が意識と無関係に自動的に生じることは避けられないとする。一方、我々は教育や自らの成長の過程で、文化的ステレオタイプやそれに基づく偏見を否定する「個人的信念」も獲得するので、それによって、文化的ステレオタイプを回避することも可能なのだと指摘している。

デヴァインのモデルに従うならば、役割語とは基本的に文化的ステレオタイプであり、それは主として幼少期に形成されるということになる。成長後には、個別的な体験によって文化的ステレオタイプは個々に修正されるが、しかしいったん形成された文化的ステレオタイプは消え去ることはなく、知識の中に生きつづけるのだろう。

ここで、「養育者や周囲の環境」とは、たとえば親が読み聞かせる昔話や童話、そして子供自身が読む絵本、漫画、児童読み物、頻繁に目にするテレビやビデオの子供向けアニメ、ドラマの類であろう。これらの作品では、受け手の子供に深い個人ベースのモードの処理が期待できないので、カテゴリーベースの描写が中心となる。結果として、作者が持っているステレオタイプ的知識があふれかえることになる。すなわち、役割語満載である。そういった作品を繰り返し繰り返し受容することで、子供の知識の中に文化的ステレオタイプが強固に刷り込まれていくのである。これが、**謎4・5**に対する一応の説明になるであろう。

4　ヒーローの旅

ところで、役割語としての〈老人語〉の話し手は、単に年齢が高いという属性を持っているのではなく、ストーリーの中で老人であることと結びついた特別な役割を担っていることが普通である。「博士」はまさしくそのような特別な役割の典型であった。「博士」は大きく分けて、善玉博士と悪玉博士に分けられよう。手塚作品に例を取れば、「鉄腕アトム」のお茶の水博士と天馬博士、「火星博士」のブートン博士とポッポ博士がそれぞれ対応する。博士とは、科学という魔法にも似た力と知恵の持ち主である。その科学の力を主人公に与え、助け、導くのが善玉博士、科学の力を以て主人公の前に立ちはだかり、苦しめ、傷つけるのが悪玉博士である(後者は、いわゆる「マッド・サイエンティスト」の系譜に属する)。そして博士に限らず、〈老人語〉の話し手はおおむね、善玉、悪玉を含めた三つほどの類型に分けられるようである。すなわち、次のような分類である。

a　主人公に知恵と教訓を授け、教え、導く助言者

b　悪知恵と不思議な力によって主人公を陥れ、苦しめる悪の化身(例:白雪姫の女王や眠り姫の魔女)

c　老耄《ろうもう》ゆえの勘違いや失敗を繰り返し、主人公やその周辺の人物を混乱させ、時に和ませ、関係調整役として働く人物(例:「ちびまる子ちゃん」のともぞうじいさん)

つまり、〈博士語〉を含めた〈老人語〉の話し手は、現実の中で出会う人物を直接指し示すのではなく、物語の構造の中で特定の役割を与えられた人物であったのだ。

この、物語の構造という点について述べた、興味深い著作がある。クリストファー・ヴォグラーの *The Writer's Journey*(作者の旅)である。ヴォグラーはハリウッドで映画シナリオの分析・評価をしている人物であるが、神話学者ジョゼフ・キャンベルの *The Hero with a Thousand Faces*(千の顔を持つヒーロー)という著作に感銘を受け、その内容が、映画や劇のシナリオを書くために大変役立つことに気づいた。そして、この研

究書のエッセンスを下敷きにして、シナリオ・ライターのためのガイドブックを書いたのである。ヴォグラーによれば、キャンベルは、世界各国の神話に共通する構造があることを指摘し、それを「ヒーローの旅(hero's journey)」と名付けた。「ヒーローの旅」は、ヒーローが出会う一定の役割(祖形：archetype)を担った人物と、それらの人物との出会いを含めた出来事・事件の時間的配置としてのモデルからなる。ヒーローの旅は、おおむね次のようなものである(なお、ここで〈ヒーロー〉は女性・男性を問わない用語として用いられている)。

「普通の生活」をしている〈ヒーロー〉が、ある日、異界の〈使者〉から「冒険への呼び出し」を受ける。〈ヒーロー〉はいったんこの「呼び出しを拒絶する」が、老人の〈助言者〉に導かれ、励まされ、力を授かり、旅立つのである。〈ヒーロー〉は「最初の関門」にさしかかり、〈関門の番人〉に「試練」を与えられる。それらの過程で、〈味方〉と〈敵〉が明らかになっていく。〈敵〉は、〈ヒーロー〉を呪い、苦しめようとする〈影〉の部下であったり、〈影〉そのものであったりする。〈トリックスター〉はいたずらや失敗で〈ヒーロー〉たちを混乱させ、笑わせ、変化の必要性に気づかせる。〈変容する者〉は〈ヒーロー〉にとって異性の誘惑者で、〈ヒーロー〉は彼／彼女の心を読みとることができず、疑惑に悩まされる。やがて〈ヒーロー〉は「深奥の洞窟への侵入」を試み、「苦難」をくぐり抜け、宝の「剣(報酬)をつかみ取る」。〈ヒーロー〉は「帰還への道」をたどるが、その途上で死に直面し、そして「再生」を果たす。その後「神秘の妙薬を携えて帰還」するのであった。(ヴォグラー前掲書より要約)

すでにお気づきのように、この「ヒーローの旅」の構造は、我々になじみ深い神話、昔話、おとぎ話の中に容易に全面的・部分的な類型を見いだすことができる。たとえば「桃太郎」にも、「ヒーローの旅」のごく単純な雛形を見て取ることができるだろう。ヴォグラーは、この構造を分解し、重ね合わせ、繰り返し、ふくらませ、近代的な人物描写を付け加えること等によって、近代人の鑑賞に堪えうるストーリーを作り出せるとした。逆に、人気を得た映画、演劇、小説等は、冒険活劇、SF、ミステリー、ラブストーリー等のジャンルを問わず、必ずどこかしらに「ヒーローの旅」の構造を持っていることを示したのである。ヴォグラーが直接その実例として示した作品には、「オズの魔法使い」「ライオンキング」「スター・ウォーズ」「タイタニック」「未知との遭遇」などがある。「ヒーローの旅」は、今もって、人々の気持ちを惹きつけてやまない魅力を保っている。

「ヒーローの旅」はなぜ人々を感動させるのか。キャンベルおよびヴォグラーの主張によれば、それは、人類の先達が自らの経験に基づいて作り上げた、いわば人生のステレオタイプだからである。受け手である我々は、ヒーローに自分自身を投影し、ストーリーの中で自分の人生の目的とプロセスを知ることになる。そして子供たちは、幼いころから「ヒーローの旅」のヴァリエーションを与えられることによって、本物の人生に出会う前に、ステレオタイプ的な人生の枠組みを刷り込まれるのである。

　さて、役割語の観点からこの「ヒーローの旅」を見ると、興味深い対応が見えてくる。〈老人語〉の話し手は三つの類型に収められると述べたが、実はそれぞれ〈助言者〉〈影〉〈トリックスター〉という役割に当てはまるのだ。よく知られた映画や小説でいえば、「スター・ウォーズ／帝国の逆襲」のヨーダは〈トリックスター〉のように登場し、しかし実は〈助言者〉であった。また『ハリー・ポッターと賢者の石』では、アルバス・ダンブルドアが典型的な〈助言者〉として登場する。そしてこれらの人物の発話は、典型的な〈老人語〉として翻訳されている。

ヨーダ「あったまるぞ、うまいじゃろ」
ルーク「ヨーダのところまでは遠いのかい、ここからどのくらいかかる？」
ヨーダ「近くじゃよ、すぐ近くにおる」
（「スター・ウォーズ／帝国の逆襲」）

「君の母上は、君を守るために死んだ。ヴォルデモートに理解できないことがあるとすれば、それは愛じゃ。君の母上の愛情が、その愛の印を君に残していくほど強いものだったことに、彼は気づかなかった。傷跡のことではない。目に見える印ではない……それほどまでに深く愛を注いだということが、たとえ愛したその人がいなくなっても、永久に愛されたものを守る力になるのじゃ。それが君の肌に残っておる。クィレルのように憎しみ、欲望、野望に満ちた者、ヴォルデモートと魂を分け合うような者は、それがために君に触れることができんのじゃ。かくもすばらしいものによって刻印された君のような者に触れるのは、苦痛でしかなかったのじゃ」

（J・K・ローリング／松岡佑子（訳）「ハリー・ポッターと賢者の石」四四〇頁）

このように、特徴ある役割語の話し手は、ストーリーの中で一定の役割を割り当てられる。そうでなければ、現れてすぐに消え去るような、背景的な人物である。日本で育った日本語話者は、子供時代から、物語の神話的構造とセットで、役割語を学んでいくのである。

では、読み手・聞き手が自分を同一化する〈ヒーロー〉は、どのような言葉を話すのか。それは、典型的には〈標準語〉である。むろん、例外もいくらでも見つかるが、その場合は十分な背景の説明と人物描写を重ねることでそれが可能になるのであり、そうでなければ、非〈標準語〉話者に我々は容易に自己同一化をすることができない。逆に、〈標準語〉話者ならば、我々は無条件に自己同一化をする準備ができている。

ここで、新たな謎が浮かび上がる。

謎6　ヒーローはなぜ〈標準語〉を話すのか。〈標準語〉とはどんな言葉なのか？

第三章　〈標準語〉と非〈標準語〉

1 〈田舎ことば〉はどこの言葉か

「夕鶴」から

劇作家・木下順二(一九一四〜)の代表的な戯曲に「夕鶴」がある。昔話の「鶴の恩返し」に題材を採った物語で、一九四九年に『婦人公論』に発表され、一九五二年には團伊玖磨の作曲によりオペラにもなっている。「与ひょう」という百姓が助けた鶴が「つう」という美しい女性となって嫁入りし、与ひょうを助けるつもりで自分の羽根から織った布を与ひょうに与えるが、「運ず」と「惣ど」という悪友が与ひょうをけしかけて、どんどんつうに布を織らせようとする。つうは、与ひょうの純粋な心が汚され、離れていくことを悲しむが、それでも布を織りつづける。しかし与ひょうは禁じられていた妻の布を織る姿を盗み見たために、ついにつうは永遠に去ってしまう、という筋書きである。

ここで、与ひょう、運ず、惣どの三人は、いわゆる〈田舎ことば〉を話しているのだが、その言葉に非常に興味深い特徴が見て取れる。

与ひょう　もうあれでおしまいだとつうがいうだもん。
運ず　そげなおめえ。また儲けさしてやるに。
与ひょう　うふん……おらつうがいとしゅうてならん。
惣ど　いとしかろが？　だでどんどんと布を織らせて金を溜めるだ。
（木下順二「夕鶴」二四六〜二四七頁）

ここで、傍線を施した「だ」は東日本方言的特徴に属するが、波線を施した「いとしゅうて」「(打ち消し)ん」は西日本方言的特徴に属する(表1－2参照)。また、「そげな」は九州でよく聞かれる形で、「いとしかろ」のような推量形も、一般に西日本的といってよいであろう。このように、この三人の会話はどこの方言ということもない、いかにも田舎くさい言葉に聞こえる表現をまぜて作った、ニセ方言ということになる。

一方、つうのせりふは、完璧な〈標準語(女性語)〉というべき言葉になっている。

つう　与ひょう、あたしの大事な与ひょう、あんたはどうしたの？　あんたはだんだんに変って行く。何だか分らないけれど、あたしとは別な世界の人になって行ってしまう。あの、あたしには言葉も分らない人たち、いつかあたしを矢で射たような、あの恐ろしい人たちとおんなじになって行ってしまう。どうしたの？　あんたは。どうすればいいの？　あたしは。あたしは一体どうすればいいの？

（同、二四七〜二四八頁）

これらのせりふに見る話体の使い分けは、作者・木下順二の意図を反映したものである。木下順二が「夕鶴」について述べた次の言葉を引用しておこう。

つまり、結果からいえば、いろんな地方のことばの中からおもしろい効果的なことばを拾って来て、自分の感覚によってそれらを組み合わせまぜ合わせたということになりますが、最初は自然にそうであったものがだんだん意識的になり、そしてこのせりふの書きかたを少々立体的に使ってみたのが『夕鶴』（一九四九年）ということになりましょうか。三人の男たちが使うこの種類のことばとつうという女性の使うことば（これを自分では〝純粋日本語〟と呼んでいるのですが）とによって、彼らと彼女の持つ世界の共通性と違いとを、そしてやがて二つの世界の断絶を表現してみようとしたわけです。

（木下順二『戯曲の日本語』二七三頁）

ここで、木下順二は、〈田舎ことば〉と〈標準語〉の効果を、作品の構造に重ね合わせて、非常に端的に語っている。この作品の受容者（戯曲の読み手、あるいは劇の観客）は、誰に感情移入するであろうか。それは、「つう」である。つまり木下順二が〈標準語〉を〝純粋日本語〟と呼んだのは、受容者である日本人が一切の抵抗なく、その言葉に自分の心理を重ね合わせることができるからである。その結果として、「つう」はヒロインとしての資格を手に入れる。これに対し、三人の男たちの言葉は、受容者の感情移入を妨げ、したがって彼らは周辺的、あるいは背景的役割しか担えないのだ。男たちの言葉が感情移入を阻害するのは、東西各地の方言がまぜこぜになっているせいばかりではない（それも効果のうちであろうが）。男たちの言葉が仮にかなり純粋な東関東方言であったり、九州方言であったりしても、基本的な効果はさして変わらないだろう。しかもその効果は、受容者が日常的にしゃべる方言とも一切関係がない。受容者が日本で育った日本語話者であるなら、使用する方言にかかわらず、まず〈標準語〉話者に感情移入し、非〈標準語〉話者は周辺的ないし背景的に扱われる。逆にいえば、作者は登場人物に〈田舎ことば〉を使用させることによって、それを話す人物を積極的に周辺的・背景的人物として位置づけるのである。そのためには、東日本型か、西日本型かというような差異はさして問題とならない。

東西方言がまぜこぜに使われている例を、小説からも一つ挙げておこう。

「ああ……いや、わしは……な、助役さん……あんた、わしははずかしいで……

なにもこんなに近くでやらんでも、よかったろうに……わしに対する、つらあてだったんだべか……もうあんなやつ、息子だとは思わんわ……でも、あんた、村の衆には、黙っておいてくれるべえな？」

「しかし、一緒に行った二人が、もう知っておるで……」

「そう……そうだべなあ……いずれ、わし自身も、責任とらんといかんべなあ……」

（安部公房「夢の兵士」二〇八頁）

〈田舎ことば〉の起源

第一章で触れたように、江戸時代も一八世紀半ばまでは、江戸は方言雑居状態にあった。その中でも上方言葉は比較的強い威信を持っていたと考えられる。ところが一八世紀後半に入ると、江戸の住民に「江戸っ子」意識が芽生え、次第に東日本型の特徴を備えた江戸語が下層の町人から見られるようになってくる。

江戸語が江戸という都会で市民権を得るようになるとともに、江戸の戯作に〈田舎ことば〉が現れてくる。次に示すのは、大田南畝（一七四九〜一八二三）作の洒落本『世《せ》説《せつ》新《しん》語《ご》茶《ざ》』（一七七六（安永五）〜一七七七（安永六）年頃刊）の一節で、山下（現在の上野辺）の遊郭に現れた「伝五右ヱ門」と遊女のやりとりである（表記は少し変えてある）。伝五右ヱ門は身なりと言葉つきから、田舎の武士とわかる。

伝　此はしごをのぼるべへかの（中略）
い　ナニおはき物《もの》かへそふしてお置《おき》なせんしなくなるこつちやァございせん
伝　イヤ〱そふじやァおざんねへうらが国《くに》さあじやァがら取違《とりちがへ》ても過料《かれう》のヲつん出《だ》すものを とていねいにしまい二階へ
い　おへねへへんちきだの（中略）あんなぞうりせへ仕廻《しまつ》てさ

（大田南畝「世説新語茶」一二三八～一二三九頁）

ここで遊郭の客「伝五右ヱ門」は、江戸の遊郭におけるルールにそった行動をとることができず、そのために遊女の「いと」に「へんちき」とさげすまれることになった。この例に早くも現れているように、江戸の戯作における〈田舎ことば〉の話者は、田舎者ゆえに、都会である江戸のコードからはずれた言動で、江戸の人たちに笑われたりさげすまれたりする存在となっている。つまり、江戸の共同体における異人としての扱いが、〈江戸語〉と〈田舎ことば〉の対比としてくっきりと描かれているのである（本書第六章）。

『浮世風呂』前編巻之上（一八〇九（文化六）年刊）では、「田舎出の下男」三助が、「わしい国くにサ居ゐたとき」の「珍事」として、山の芋が鰻になった話をしてみんなに笑われている。

(三助)「イヤハヤ腹筋《ふはらすぢい》よる事《こん》だて。モノ半分鰻《ふはんぶんうなぎ》だと思《おも》つた薯蕷《やまのよも》めが、普《ふ》請中《しんぢう》の日《ひ》数《かず》さ経《へ》た内に、薯蕷《よも》の形《かたち》ががらなくなつて、皆《みんな》ハア鰻《うなぎ》になつてしまつたア。半分薯《やま》蕷《のよも》だ物《もん》が、がら〻鰻《うなぎい》なつたもんだから、あつちイぬたくり、こつちイのたくり、抓《つかむ》べいとしても、指《よび》の股《また》さ、ぬる〳〵ぬる〳〵かん出《でへ》て、によろヲり〳〵鰻《うなぎい》のぼりイするだア。サア魂消《たまげ》めへ物《もん》か。がせうぎにかつつかんだらおつちぬべヱ。土埋《つちいうめ》たら鰻死《うなぎいおち》て芋《よも》にでもなるべいが。薯蕷斗《やまのよもにべい》なつちやア元直《もとつこ》にならねへ

みな「アツハ、、、、ハ、、、、、トひつくりかへつてわらふ

（「浮世風呂」前編巻之上、三一〜三二頁）

なお、『浮世風呂』の作者・式亭三馬は、『大千世界楽屋探』という滑稽本の中で、熊谷直実に板東言葉を、平敦盛に京都弁をしゃべらせている。つまり、平家物語のヒーローたちに〈田舎ことば〉〈関西弁〉を使わせることで、ヒーロー性をはぎ取り、徹底的に異化し、茶化しているのである。

熊谷「何《あん》だ。彼所《あしこ》へ馬追立《むまアぼつたつ》て往《いぐ》のは、己《うら》が方の者《もん》ぢやア有《あん》めへ。敵方の者《もん》だんべい。大きな声してヤイ、ヤイ、敵だらう《ならば》ぬ待ちやアがれ、トすこし立よどみハテナ、ト考へ、ヲ、夫《それ》さ、味方だらば原価《もとつこ》よ。マア呼《よば》つて見べい、ト大声はり上ゲヲ、イ〳〵、其所《そこ》さ往《い》ぐのは誰だア

ヱ。敵か味方か。敵だら名告《なのれ》サ。コレヤイ。ヲ、イ〳〵、平家の大将《てへしやう》殿だつぺい《ニテアルベシ》。引返《ふつけへ》さつしやい。敵に背後《せなかア》見せる云《ちふ》があるもんだ。根性穢《ぎたね》へけちな野郎だ。何曾《あぜ》、海の方へ計《べい》、馬乗込《むまアのりこ》むだ。早《はあ》、引返《ふつけへ》さねへがな。（中略）

敦盛「ヤ何《なん》ぢやい。けうとい濁音《どすごゑ》で私《わし》を招くが〇ハ、ア源氏方と見えるはい。何《なに》やら云てぢやが、浪の音と鯨波音《ときのこゑ》でトント聞えん。

（「大千世界楽屋探」三八四〜三八五頁）

なお、ここまで引いてきた江戸の戯作では、〈田舎ことば〉とは主として江戸の周辺に位置する関東の諸地域の言葉であった。これに対し、上方の戯作では、〈田舎ことば〉は京坂を取り巻く周辺諸地域の言葉となる。次に示すのは、京都祇園の遊郭を舞台にした洒落本『河東方言箱枕』（一八二二（文政五）年刊）の一節である。「旦那」は、地域は特定できないが、京坂周辺の田舎者として設定されている。「ついてをる」という表現に田舎くささが出ている。

旦　イヤ〳〵ほめたとてなにも下《くだ》されるにはおよばぬが。おれらがくにもとに今小《いまこ》まちといふて。しこ名《な》のついてをるげい者《しや》が。いちばん上きりやうじやとおもふたが。おてまへよりはをとつたものじや

（「河東方言箱枕」一二〇頁）

このように、近世には江戸および上方(京・大坂)という大規模で言語的にかなりの均質性を持った受容者層が成長していた。それぞれの都市の住人は、自分たちの言葉をアイデンティティの拠り所とし、同じ言葉を話す作中人物に自己同一化する一方で、周辺の〈田舎ことば〉を話す人物を自分たちとは異質な存在として笑ったりさげすんだりした。この構造は、近代における〈田舎ことば〉の機能の先駆けをなすものであるが、しかし自己同一化の基盤は、江戸や上方という地域性に依存するものであり、日常的な体験からさして離れるものではなかった。近代の〈標準語〉のように、日本で育った日本語話者なら、日常生活で自分たちが用いる方言とは関係なく自己同一化を強制されてしまうような言語をまだ手に入れていなかったのである。

2 〈標準語〉の構造と役割語

役割語としての〈標準語〉

本書の内容にとって、〈標準語〉は非常に重要な概念である。ただし、日常的な意味での、あるいは従来の国語学・日本語学の分野で用いられる概念としての「標準語」とは少し違った意味でこの言葉を用いることになる。

まず、次の点に注意しておきたい。

- 語彙、音韻、文法・語法等の問題としてだけでなく、それらを総合した、話体・文体として〈標準語〉を捉える。

これはすなわち、「標準語で『捨てる』ことを関西では『ほる(ほうる)』という」とか、「標準語で『りんご』のアクセントは『低高高』である」といった個別的な現象として見るのではなく、それらを含めて、全体的な体系として考えるということである。さらにいえば、

- 〈標準語〉を一種の役割語として捉える。ただし、他の役割語の基準となるような、特殊な役割語である。

ということになる。役割語として捉えるということは、現実の社会に現象として現れる言語としてではなく、われわれの観念・知識として捉える、ということである。第二次世界大戦以前に「標準語」が持っていた規範的・統制的なイメージを避けて、大戦後、「共通語」という言葉が用いられるようになったが、「共通語」は「(理念は別として)事

実上日本で広く用いられている言語」という意味であるから、現象的・実態的な概念であるといえる。したがって、我々の考える概念にとっては、〈標準語〉こそがふさわしい名称である。ただし、むろん、〈標準語〉を理想化された純粋な日本語として規定する意図はまったくなく、他の役割語と同様に、マスメディアや教育によって、好むと好まざるとにかかわらず、幼少期から刷り込まれてきた知識・観念として〈標準語〉を捉えるのである。それでは、他の役割語とは異なる、〈標準語〉の特殊性とは何であろうか。

話しことばと書きことば

本書では、〈標準語〉の範囲をかなり広く考えている。〈標準語〉は次のように細分される。

1　書きことば
 (a) 常体(ダ・デアル体)
 (b) 敬体(デス・マス体)
2　話しことば
 (a) 公的な話しことば
 (b) 私的な話しことば
  i　女性語

ii　男性語

「書きことば」というのは、読んで字の如く、文字に書かれることを前提とする言葉で、新聞記事、エッセイ、論文、小説の地の文(特にいわゆる三人称小説)等を想定している。話しことばのうち「公的な話しことば」とは、多数の人々に対して公的な立場から告知するような場合の話体(スピーチ・スタイル)で、テレビ・ラジオのアナウンサーや、先生の授業、宗教家の講話、政治家の演説等が実例となるだろう。書きことばと公的な話しことばには基本的に話し手の性別は積極的に反映されることはない。これに対し、日常的な対話で用いられる「私的な話しことば」では、一人称代名詞、終助詞、感動詞等の面で絶対的・相対的な尺度から、男性と女性の言葉が分化してくる(本書第四章、第五章)。

これらの小分類は、完全にお互いが区別できるようなものとして想定しているわけではない。たとえば、公的な話しことばは敬体(デス・マス体)を基本としていると考えられるが、書きことばの敬体との区別はほとんどない。また、テレビの報道番組で、アナウンサーが視聴者に向かってニュースを読むときは公的な話しことばを用いているが、横にいるアシスタントに話しかけるときは「よ・ね」等の終助詞など、私的な話しことばの要素が入ってくる。そのつなぎ目は、さほどくっきりと分かれているわけではなく、なめらかに連続している。私的な話しことばも、アナウンサーのインタビューのような折り目正しい上品なものから、「俺は知らねえよ」などかなり乱暴なものまで、つまり通常は「東京方言」として標準語の範囲から逸脱したものと見なされるような話体まで、いちおう〈標準語〉の境界内あるいはその周辺として、範囲に含めている。つまり、書きことばから私的な話しことばまで、少しずつグラデーションを示しながら、全体として連続しているような体系として、〈標準語〉を捉えたいのである。

ここで、「書きことば」を役割語に含めることに違和感を持たれる人もいるかと思う。巻末附録の「役割語の定義と指標」を見ても、役割語とは「特定の人物像を思い浮かべることができる」言葉づかいであるわけで、すなわち役割語には、一定の人物がしゃべる音声言語、つまり話しことばが想定されているはずである。であるとすれば「書きことば」は役割語の定義に合わない。しかしあえて書きことばまでを役割語として考えるのは、書きことば（とくに常体（ダ・デアル体）のもの）が「誰もしゃべらない言葉」すなわち「誰も想定することができない」言葉だからである。逆にいうと、〈標準語〉の書きことばから少し語彙や語法を変えたり、終助詞やイントネーションを加えたりすると、たちまち特定の人物像が現れてくる。そういう意味で、〈標準語〉の書きことばは、役割語の原点、基準点のような性質を持っているのであり、だからこそこれを役割語の中に含めておく必要があるのである。

役割語度

ここで、試みに「役割語度」という概念を導入しておこう。役割語度は、「ある話体（文体）が、特徴的な性質の話し手を想定させる度合い」というような尺度である。近い将来、言語学的・心理学的方法で厳密な数値化ができないとも限らないが、現在のところははなはだ暫定的・直感的な尺度として扱っておく。

先の考え方からすれば、〈標準語〉のうち、常体の書きことばは、いかなる特徴を持った話し手も想定させないという意味で、役割語度0（ゼロ）である。たとえば次のようなものである。

その日は大変よいお天気であった。しかし天気予報によれば、翌日は雨が降る可能性があるらしかった。

これに対し、私的な話しことばで、没個性的であるが男性、女性の違いが分かれているくらいの話体は、仮に役割語度1としておこう。次のようなものである。

A「今日は大変いいお天気だね」
B「ええ、本当。でも天気予報は、明日は雨だろうと言っていたわ」

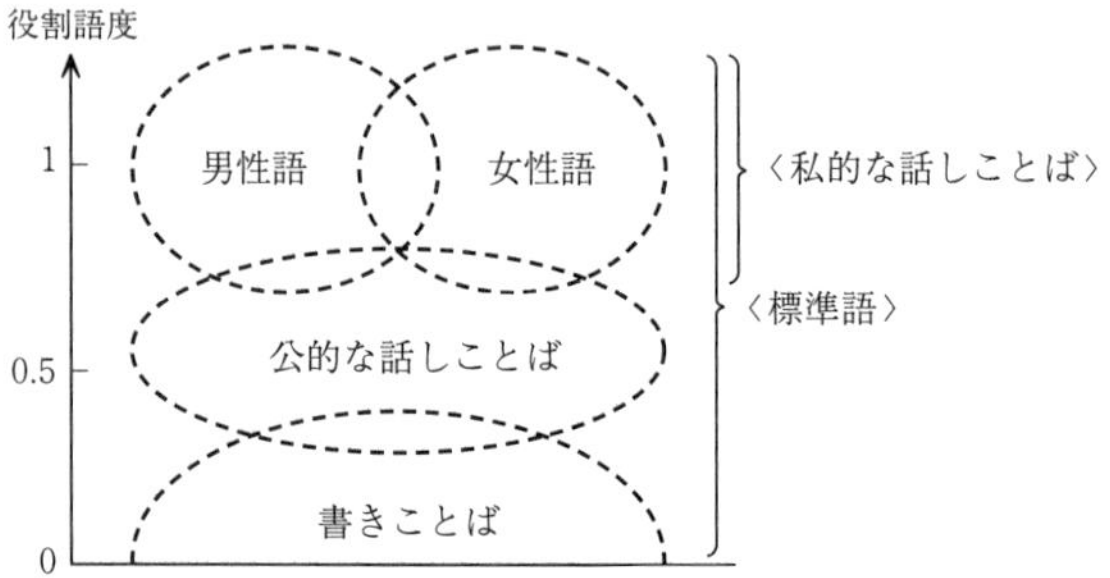

図 3-1　役割語度

この会話では、Aは男性、Bは女性ということが語法から察せられる。しかし、あまり小さな子供ではないにしても、それ以上に年齢、職業、境遇等を積極的に示唆するような特徴は現れていない。この程度の話体を、大体1に設定しておくのである。とすれば、〈標準語〉とは、役割語度0である書きことば、役割語度1である私的な話しことば（男性語・女性語）の間とその周辺に分布する言葉（話体・文体）ということになる。公的な話しことばは、書きことばと私的な話しことばの中間で、役割語度0・5近辺に位置する。これらの関係を図示すると、図3-1のようになる。

これに対し、次のように、強烈な個性を主張するような話体は、役割語度が相当高いことになる。

- 「まったくじゃ。しかし天気予報は、明日は雨かもしれんと言っておったぞ」

・「んだんだ。だけんど、天気予報は、明日あ雨さ降るかもしんねえって言ってたべ」

これを役割語度5とするか、10とするかといった議論はあまり意味を持たないので、相対的に「高い」とだけいうことにする。それに対し、先の役割語度1の対話は、役割語度が相当低いわけである。

役割語度と自己同一化

ここで、**謎6**「ヒーローはなぜ〈標準語〉を話すのか。〈標準語〉とはどんな言葉なのか?」について考えていこう。

繰り返しになるが、ここでいう〈ヒーロー〉とは、キャンベル/ヴォグラーの「ヒーローの旅」の用語である。物語の神話的な構造の中で、聞き手・受け手が自己同一化を行い、人生の縮図としてのストーリーを旅しながら、ともに成長していく存在が〈ヒーロー〉である。この用語は、性別を超えたカヴァー・タームとして用いられているので、女性(ヒロイン)も含んでいる。この定義から明らかなように、〈ヒーロー〉であるためには、聞き手・受け手が容易に自己同一化を行えるような特徴を持っていなければならない。そのような特徴のうち、言葉の面を捉えれば、それは〈標準語〉ということになるわけである。

むろん、例外はたくさんある。たとえば時代劇であれば、〈ヒーロー〉は〈武家ことば〉を使わざるを得ない。そのぶん役割語度が上がり、通常の読者は自己同一化が若干難しくなる。しかし、その他の手段で主人公の内面をしっかり描けばそれは乗り越えられる。だから、〈標準語〉を話すことは〈ヒーロー〉であることの必要条件ではない。しかし、特別な条件がなければ、〈標準語〉を話させることが手っ取り早い〈ヒーロー〉の特徴付けになるのである。

なお、細かくいえば、役割語度0の書きことばは、誰の言葉でもないわけであるから、〈ヒーロー〉の言葉にはなれない。典型的な〈ヒーロー〉の言葉は、役割語度1＋αというところであろう。＋αの部分が、個々の〈ヒーロー〉の個性ということになる。なお、役割語度0の〈標準語〉の書きことばは、誰の言葉でもない代わりに、誰の心をも自由に描くことができる、いわば〈内面語〉としてふさわしい。たとえば、

太郎はひどく悲しかった。

といえば、特定の人物の観察としてでなく、純粋に客観的に太郎の内面を描き出しているように感じられるが、

太郎はものごっつ悲しゅうおました。

といえば、〈大阪弁〉を話す誰かの目から見た描写ということになって、純粋な内面とは感じられにくくなる。

では、なぜ〈標準語〉はそのような特権的な立場を与えられたのか。この問いは、ある意味で逆転している。そのような特権的な立場を与えられた言語(話体)を、我々は〈標準語〉と呼ぶのである。しかし、このような意味での標準語は、江戸時代以前には日本に存在しなかった。〈標準語〉は、近代になって、日本が近代国家として成長していくための要件として、作り出された言語である。どんな言葉だったら自己同一化を行いやすいか、〈ヒーロー〉の言葉としてどのような言葉がふさわしいか、ということを模索し、実験を重ねたのが明治時代の文芸改良運動(「言文一致運動」もその一部に含まれる)であったのだ。言文一致完成と前後して、学校教育や新聞・雑誌などのマスメディアを通じ、国民に対する訓練が始まった。つまり、〈標準語〉を話す人物に自己同一化せよ、という訓練である。その結果、日本で育ったあらゆる日本語の母語話者は、自分の属する言語コミュニティと関わりなく、ストーリーの中の〈標準語〉話者にやすやすと自己同一化できるようになった。逆に、たとえ読み手・受け手にとって自分自身の方言であっても、ストーリーの中での方言話者は自動的に、脇役あるいは背景的な人物として脇に押しやられてしまうのである。〈標準語〉=〈ヒーロー語〉の誕生である。

ところで、〈標準語〉は第一章で確かめたように、東日本型方言の一種であった。しかし日本の歴史が始まって以来江戸時代の初期まで、日本の文化の中心地は関西であったはずである。どのような経過で〈標準語〉が成立したのか、またその結果、〈関西弁〉ほか、西日本型方言がどのような命運を辿ったか、次節以降で触れていく。

3 〈標準語〉の成立

〈標準語〉以前

第一章3節で触れたように、明和期(一七五四〜一七七二)以前の江戸は方言雑居状態で、むしろ西日本型の、上方の言葉が高い威信を保っていた。そもそも〈武家ことば〉が西日本型の文法に基づいて作られたのは、上方の言葉に高い威信があったからこそである。また、当時、上方は経済が発達し、町人文化が栄え、近松門左衛門(一六五三〜一七二四)の浄瑠璃のような、上方語をベースにした芸術性の高い作品が生まれていたのである。しかし、明和期頃から明瞭な東日本型の特徴を備えた江戸語がまず下層町人の間で用いられはじめ、化政期(一八〇四〜一八二九)以降、中層、上層の住人にも江戸語が浸透していった。江戸語は、洒落本、黄表紙、滑稽本等の戯作や、江戸歌舞伎等に盛んに用いられた。一方で、人形浄瑠璃や、浄瑠璃を題材にした丸本歌舞伎などは江戸で上演される場合でも上方と同じ、上方の言葉で演じられていたし、江戸には多くの上方人がいたから、江戸の住人にとっても上方語は比較的なじみ深い言葉であったであろう。

一方、江戸後期の上方には、江戸語を話す江戸の人間も少しはいたが、大多数の住人にとって江戸語の影響はほとんどなかったといってよい。大坂や京都の郭《くるわ》を舞台にした洒落本は当然上方語で書かれていたし、上方で人気を得ていた演劇は、浄瑠璃や上方歌舞伎など、すべて上方語で演じられていた。

なお、江戸語や上方語による作品は、庶民の娯楽のためのものである。武士層を中心とする当時の知識人は、古文や漢文(およびその読み下し文)で書かれた文章をもっぱら読み書きしていた。江戸語や上方語で書かれた戯作でさえ、地の文は古文や漢文の読み下し文で書かれていた。また、当時の手紙は「候文」という、漢文と話しことばの中間のような文体で書かれていた。結局、日本全体として見ると中心的な文体というのは、漢文の読み下しや候文のような文語であったといえる。話しことばのうちでも、江戸語、上方語だけはそれぞれの都市だけでなく、日本の各地に影響を持つことができたであろうが、今日の〈標準語〉に比べれば、はるかに限定された範囲にとどまっていたのである。

したがって、江戸時代には、〈標準語〉、すなわちあらゆる日本語話者を自己同一化に誘い込むような統一された〈ヒーロー語〉がなかった。江戸の住人にとっては江戸語が、上方の住人にとっては上方語が〈ヒーロー語〉であっただろう。また漢文や古文を読みこなせる知識人にとっては、それらの文語が〈ヒーロー語〉であっただろう。ということは、当時は、どこでも誰にでも通じる役割語というようなものも、あり得なかったのである。

言文一致運動と標準語

明治時代に入って、日本は近代国家として再出発をすることになった。それは、政治、経済、軍事、文化等、国家としてのあらゆる側面において近代化を進めることを意味した。これらのすべての問題に深く関わっていたのが言語の問題であった。言語の近代化に関わる問題群を、「国語問題」と称する。国語問題の課題とは、大きくいえば次の二点である。

1 教育やコミュニケーションにおいて負担が少なく、かつ必要十分な情報を正確に伝達できる、効率的な言語体系の整備

2 国家語としてふさわしい威信を備えた言語の確立

効率性と威信という、時に相反する原理の間で、議論は錯綜していくことになる。具体的には、国語問題はおおむね次の四点にまとめられる。

1 文字・表記の改良(国字問題)
2 文語文法の整備
3 言文一致
4 標準語の制定と流通

このうち、〈標準語〉の成立と直接関わるのは、むろん3と4である。言文一致とは、欧米の言語において書きことばと話しことばにほとんど差がないことに触発された議論である。つまり、話しことば(言)と書きことば(文)を一致させよう、ということである。しかし、そもそも統一的・規範的な話しことばがなかったのであるから、言文一致運動は一方で〈標準語〉確定と連動する運動であったのだ。

当初、文と一致させる言としてイメージされていた言語の中には、「候文」のようなくだけた文語体や「～でござる」のような格式張った〈武家ことば〉、「～じゃ」のような上方風の話体も含まれていたのであるが、次第に東京の話しことばへと収斂していった。一八九五(明治二八)年に東京帝国大学教授の上田万年が雑誌『帝国文学』創刊号に書いた「標準語に就きて」という論文に、次のようにある。

願はくは予をして新に発達すべき日本の標準語につき、一言せしめたまへ。予は此点に就ては、現今の東京語が他日名誉を享有すべき資格を供ふる者なりと確信す。たゞし、東京語といへば或る一部の人は、直に東京の「ベランメー」言葉の様に思ふべけれども、決してさにあらず、予の云ふ東京語とは、教育ある東京人の話すことばと云ふ義なり。且つ予は、単に他日其名誉を享有すべき資格を供ふとのみいふ、決して現在名誉を享有すべきものといはず。そは一国の標準語となるには、今少し

彫琢を要すべければなり。　（上田万年「標準語に就きて」九二頁）

このような見方は、上田万年だけでなく、当時の知識人の間でかなり共有されたものであった。東京語が標準語の候補と見なされた理由を整理すれば、おおよそ次のようなものであろう。

1　江戸から引き続いて東京が政治・経済の中心地であり、人口も多く、地方からの流入者も多数あり、東京語が事実上の共通語としてある程度機能していた。

2　幕末期、江戸語が武士層まで浸透してきており、知識人階級の言葉としてかなり洗練されてきていた。

3　江戸語が戯作や芸能に多く使われてきていたことにより、文字化されたり公共の場で不特定多数の人々に対して用いられる言語としての技術がある程度培われていた。

3に関していえば、たとえば二葉亭四迷が『余が言文一致の由来』(一九〇六(明治三九)年)の中で、『浮雲』の言文一致体を作り出すために、三遊亭円朝の速記本『怪談牡丹燈籠』を参考にしたと述べていることなどが思い起こされる(『怪談牡丹燈籠』に関しては、第一章3節参照)。また、次のような指摘もある。

また、江戸の末期から明治にかけて、当時の江戸の日常生活を描いた小説、人情本のたぐいも全国に流布していた。こういう小説類によって、江戸(東京)ことばに対する理解は、少なくとも文字の読める知識層の間ではかなり進んでいたものと思われる。

明治一八年(一八八五)六月発行の新聞「自由灯」には、こんな投稿が載せられている。

「昔は為永派の人情本にて読み覚えし東京言葉も今は傍訓《ふりがな》新聞にて読み覚ゆる十分の便利があるから生意気な諸生は未だ東京へ足踏みをしない時よりして自から東京言葉を使ふ者がある位にて…」

(水原明人『江戸語・東京語・標準語』六五頁)

つまり彼らは、初めは為永春水などの本によって東京のことばを覚え、ついでは、振り仮名つきの新聞で、東京へ来る前から、すでに東京のことばを知っていたというのである。

マスメディアと〈標準語〉

江戸時代までと明治時代以降で大きく異なるのが、マスメディアの発達であろう。新たなマスメディアの発展とともに、新しい文芸・演芸ジャンルも生じた。まず、活版印刷の導入(一八七〇年代)に伴う出版メディアの誕生がある。これを細分すれば、一般書籍、新聞、雑誌、教科書、その他となろう(教科書および学校については第五章で改めて取り上げる)。近代文学は出版メディアとともに発達したというべきであり、小説や(新体)詩・近代短歌・俳句等のジャンルが誕生、発展した。特に新聞・雑誌等の定期刊行物では各種読み物や小説、また漫画が生産された。

劇場メディアは江戸時代からあったが、古典的、伝統的なジャンルに加え、近代的なジャンルも生まれた。前者としては歌舞伎・浄瑠璃、落語、講談等があり、後者としては新劇、翻訳劇、浪花節、漫才等がある。また劇場メディアとして実演のほかに、一八九七(明治三〇)年から映画が新たに加わり、記録・報道、外国劇、時代劇、現代劇が上映された。

映画はすでに映像の複写メディアであったわけであるが、音声複写メディアとして、SPレコードが一九〇〇年代から現れた。音源としては、古典的・伝統的な演劇や音楽のほかに、演説、浪花節、新劇、オペラ、お伽歌劇等新しいジャンルの演芸・演劇が吹き込まれた。そして、一九二五(大正一四)年からは、放送メディアとしてラジオが加わり、報道のほかに音楽、演劇等が放送された。

このように、明治・大正時代には種々の新たなマスメディアが登場し、不特定多数の受け手への文字、画像、音声の伝達が可能になった(第二次世界大戦後、さらに新しいメディアが続々登場する)。このことは〈標準語〉の成立・普及に大いに力を与えた。というより、マスメディアがなければ〈標準語〉は意味を持たないといってよいであろう。そしてこれらのマスメディアのコンテンツの大半は東京で作られた(関西で作られたコンテンツについては後述する)。たとえば文学者ないし作家はほとんどすべて東京の人間か、または地方から上京した人間であった。そして、多くの場合、東京を舞台にし、東京の言葉を話す人物が登場する小説を書いた。たとえば『当世書生気質』『浮雲』『たけくらべ』『金色夜叉』『不如帰』『婦系図』などはすべてそうである。つまり、東京で作られた東京の小説を、全国の読み手が読むことによって、東京の言葉を話す人物に自己同一化する訓練が全国規模で行われたわけである。同様のことはあらゆるメディアを通じて遂行され、その結果として、〈東京語〉=〈標準語〉=〈ヒーロー語〉という図式が完成したのである。そのことは同時に、非〈標準語〉、すなわちさまざまな役割語がマスメディアを通じて生み出され、育てられ、拡散されていくことを示している。マスメディアを通じて、文化的ステレオタイプとして役割語を刷り込まれた子供が、成長してコンテンツの作り手となり、再び役割語を、マスメディアを通じて社会に送り込む。マスメディアこそが、〈標準語〉を含むさまざまな役割語の発生・増幅・延命装置であったのだ。

転落する〈上方語〉

江戸時代、〈標準語〉以前の日本では、〈上方語〉は〝王城の地〟の言葉であり、〈江戸語〉よりはるかに高い威信を持っていたはずであった。〈上方語〉もまた、少なくとも上方の人間にとっては〈ヒーロー語〉になれたはずなのである。ところが、明治時代以降、〈東京語〉が〈標準語〉となってからは、〈上方語〉の末裔である〈大阪弁〉あるいは〈関西弁〉は、一方言と成り下がってしまった。いや、他の方言とはまた異なる、強烈な役割語となり果てたのである。〈大阪弁・関西弁〉を話す人物とはどんな人物として描かれているのか。つまり、大阪人、関西人はどんなステレオタイプと結びつけられているのだろうか。

4 大阪人・関西人キャラクターの変遷

パーやん

藤子・F・不二雄の漫画「パーマン」(一九六六〜一九六八年『小学三年生』他に連載。テレビアニメは一九六七年から)の主人公、須羽みつ夫は怠け者で弱虫の小学生だが、宇宙から来た超人にもらったマスクとマントでパーマンに変身、大活躍をする。超人の方針(気まぐれ?)で、パーマン2号、3号、4号と仲間が増えていくのだが、2号は動物園のチンパンジー、3号は女の子、そして4号は通称「パーやん」と呼ばれる大阪の少年であった。パーやんは、初登場の場面からどケチぶりを発揮し、仲間たちを啞然とさせ

パーやん 「パーマン①」176 頁

るのである。

パーマン「きみはパーマンの力を金もうけにつかっているのか!」 **パーやん**「そうや、それがどないした?」 **パー子**「まあっ、あきれた」 **パーマン**「パーマンのつとめをなんと思ってるのだ。その力は正義を守るためのものだぞ!」 **パーやん**「正義はちゃんと守ってるがな。その合間にちょっとアルバイトしとるだけや。」 **パーやん**「正義だけではもうからんよってな、アハハハ。」 **パー子**「いやあねえ。」

(藤子・F・不二雄「パーマン①」一七六頁)

ここで疑問が湧いてくる。

謎7 〈大阪弁・関西弁〉の話者はなぜけちや守銭奴のように描かれることが多いのだろう?

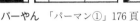

大阪人・関西人のステレオタイプ

「パーやん」は金もうけ第一主義の人物として描かれていたが、これは大阪人・関西人、すなわち〈大阪弁・関西弁〉を話す人物のステレオタイプの一つである。その他、大阪人・関西人のキャラクターに期待される性質を箇条書きにしてみると、おおむね以下のようになろう。

1 冗談好き、笑わせ好き、おしゃべり好き
2 けち、守銭奴、拝金主義者
3 食通、食いしん坊
4 派手好き
5 好色、下品
6 ど根性(逆境に強く、エネルギッシュにそれを乗り越えていく)
7 やくざ、暴力団、恐い

物語の中で〈大阪弁・関西弁〉を話す人物がいたら、右の特徴のどれか一つ、あるいは二つ以上の特徴を持っていると考えてほぼ間違いない。

これらの性格は、さらに、1と2〜6と7という三つのグループに分けられるであろう。中でも2〜6のグループは、「快楽・欲望の肯定と追求」という性質を中心にまとめることができる。ここでいう快楽や欲望は、政治的・宗教的・社会的理想の追求や社

会的尊敬の獲得のような、抽象的・高邁なものではなく、あくまで直感的にわかりやすい、金銭欲、食欲、性欲である。その追求にとって社会的尊敬は必要ないので、なりふり構わぬ行動をとって、周囲からはけち、食いしん坊、下品、助平などと笑われ、さげすまれる。派手に身を飾るのは、同じお金をかけるなら、その効果が目に見えなければ意味がないという行動原理から出ている。ど根性と呼ばれる人並はずれた努力も、その目標は理想主義的なものではなく、あくまで現実的な富の獲得という非常にわかりやすいものなのである。

これらの性格は、むろん、理想主義的な人々、あるいは中庸を心得た常識人からは顰《ひん》蹙《しゅく》を買い、軽蔑されることにもなるが、1の性質と結びつくことによって愛すべき道化へと転ずる。すなわち、自分の欲望の追求に基づく行動を醒めた目線で観察するもうひとりの自分がいて、行き過ぎた行動から起こる失敗を自ら笑いぐさにすることによって、周囲を楽しませ、和ませるのである。

また彼らの言動は、一方で、自分の真の欲望を隠してお高く止まっている偽善者、権威主義者を笑い飛ばし、また理想や規範に縛られて行き詰まっている人々に対しては、自らの欲望を直視せよとのメッセージを送りもする。すなわち、大阪人・関西人に与えられた役どころは、「トリックスター」に他ならない。物語におけるトリックスターの心理的機能について述べた *The Writer's Journey* から引用しよう。

トリックスターはいくつかの重要な心理的機能をはたす。彼らは巨大な自我をそぎ落とし、主人公と読み手に現実を直視させる。健康な笑いを引き起こすことによって人々の日常的な絆を思い起こさせ、愚行と偽善を指摘する。結局、彼らは、しばしば沈滞した心理的状況の不均衡や不条理へと注意を引きつけることによって、健全な変化・変容をもたらすのである。彼らは不均衡や不条理にとっての天敵である。トリックスターの活力は、いたずらめいた失敗や言い間違い(それが我々に変化の必要性を教えてくれるのだが)によって表現される。我々があまりにも真剣になりすぎた時、我々の人格の一部であるトリックスターが躍り出て、必要な視点を取り戻してくれるであろう。

(ヴォグラー *The Writer's Journey* 第二版、七七頁、金水訳)

ここで、「いたずらめいた失敗や言い間違い」を「極端な現実主義、過度の饒舌と絶え間ない冗談」などと置き換えれば、それはそのまま大阪人・関西人のステレオタイプとなる。

なお、7の性質については、1〜6とはやや起源の異なるものであるように思われる。現実的な快楽の追求が暴力と結びつけば「やくざ」「暴力団」へとつながるわけで、けっして無縁の性質とはいえないが、本来の大阪人・関西人のステレオタイプはむしろ非暴力的で柔弱な性質のものであるようにも見える。この点については後ほど考察する。

大阪人・関西人のルーツ

さて、このような大阪人・関西人のステレオタイプは、江戸時代後期においてかなり完成されていたらしい。

まず、十返舎一九の『東海道中膝栗毛』(一八〇二〜一八〇九年)を見てみよう。弥次・北の二人が京・大坂に入ってから、幾度となく「あたじけねへ(けち)」という言葉を口にしているのを見てわかるように、上方の人間は強欲であり、特に他国ものに対して容赦がないという性質を強調している。

北八「イヤきらなくてもごうせへにいてへかみそりだ　**かみゆい**「いたいはづじやわいな。このかみそりは、いつやら研《とい》だまゝじやさかい　**北八**「ヱ、めつそふな。なぜ、剃《そ》るたびに研《とが》ねへの　**かみゆい**「イヤそないにとぐと、かみそりがへるさかい。ハテ人さんのつむりのいたいのは、こちや三年もこらへるがな

(「東海道中膝栗毛」五編追加、二九八頁)

北八「(中略)餅《もち》ならたつた三ツ四ツいれて、ねぎのちつとばかりさらへこんだものを、壱匁ヅ、とは、なるほど京のものはあたじけねへ。気のしれた根性骨《こんじやうぼね》だ。

（六編下、三六三頁）

北八「コウ、左平さん、他国《たこく》ものだとおもつて、あんまり人をばかにした。夕べ喰《くっ》たものが、何こんなにかゝるものか。惣体《そうてへ》上方ものはあたじけねへ。気のしれたべらぼうどもだ。　**左平**「イヤおまいがたがあたじけやわいな。何じやあろと、くたもの（＝食ベタモノ）はらうて下んせにや、わしがすまんわいな　（八編下、四七二頁）

総じて、『東海道中膝栗毛』の作者は、上方者を油断のならない、あつかましい人々として描いている。京の宿（七編上）では、弥次・北は高い代金を取られまいとして頓知を働かせ、逆に宿の主人に言い負かされるという場面も描いている。

次に、式亭三馬の『浮世風呂』（一八〇九〜一八一三年）、『浮世床』（一八一三〜一八一四年）には三人の上方者が登場するが、先の1〜4の性質を遺憾なく発揮している。まず、『浮世風呂』二編巻之上には、「かみがたすぢの女」（以下、「かみ」とする）と「お山さん」の会話が収められている。お山さんは江戸の女性である。まず「かみ」は「ずんぐりとした風俗、いろ白にてくちびるあつく、目《め》のふちは紅のぼかし、口べにくろびかりに濃《こ》くぬり、ふといかうがいを白紙にてぐる〳〵とまきたるは、湯気《ゆげ》にてべつかうのそらぬためなり」という風体である（三編巻之下では、江戸の女たちによってこのような上方風の化粧が「大騒《てへさう》らしい」と批判されている）。

うに言ってお山さんを笑わせている。さて「かみ」は、お山さんが自分が太っていることを嘆いているのを聞いて、次のよ

かみ　「かいな。こちやまた、風負《かざまけ》せいで能《ゐい》かと思《おも》ふた。わしなど走競《はしりこくら》せうなら、横《よこ》にねて転《こけ》る方《ほう》が、やつと速《はやい》じや（『浮世風呂』二編巻之上、一〇二～一〇三頁）

次に昼食の話題に移り、「かみ」は、上方風のスッポン料理や鰻料理の優れていることを自慢する。これに対しお山さんは、上方風の鰻料理が「けち」であると非難し、「たべるうちにさめたらその儘置《まゝおい》て、お代《かは》りの焼立《やきたて》をたべるが江戸子《えどっこ》さ。」と主張する。「かみ」は、無駄を出すことを自慢らしくいう江戸の気風を批判する。これに対して、お山さんは、上方ものもありがたい江戸だから暮らしていけるのだと反論する。

次に「かみ」は江戸なまり、江戸言葉の批判をし、お山さんも古典の例を引きながら反論、江戸言葉にも歴史的な根拠のあることを主張する。「かみ」が〈上方語〉の優位性を信じて疑わないのに対し、お山さんがやられっぱなしではなく、古歌を引き合いに出して応戦しているところが印象的である。明治時代以降、〈東京語〉が西日本型方言を駆逐していく萌芽がすでにここに見えるのである。

『浮世風呂』四編巻之中には、一人暮らしの上方者の商人「けち兵衛」（後半では誤って

「けち助」と書かれている。以下、「けち」とする)が登場する。まず「けち」は浮世風呂の番頭相手に、自分の独身所帯のわびしい暮らしをおもしろおかしく語って聞かせて笑わせる。

けち「(前略)じやによつてお汁《しる》の代《かはり》に、飯《めし》は味噌菜《みそざい》ぢや。ハテ味噌《みそ》を嘗《ねぶつ》て白湯《さゆ》を呑《のみや》、はらの中で能加減《ゑへかげん》のお汁《しる》になろぞい　**ばんとう**「ハ、、、　(四編巻之中、二五五頁)

次に行商の八百屋相手にすさまじい値切り交渉をして、思い通りの値で買ってしまううえに、舞茸の干したものをただでせしめてしまう。

ばんとう「けち助さん。大きな声だネヱ。私等《わたしら》が門首《かどぐち》でどなる声が二三町は響《ひゞ》けやせう。八百屋だらうが、前栽売《せんぜへうり》だらうが、おめへにつかまつてはいかねへ。どうしても上方《かみがた》者は如在《じょさい》ねへぜ。人をばころりとさせるネ　**けち**「能《よ》うころりせうぞい。シタガ何事も気長《きいなが》うせにやゆかぬはい。　(四編巻之中、二六八頁)

『浮世床』では、初編巻之中に「作兵衛」という上方の商人が登場する。この作兵衛も非常なおしゃべりで、過度に始末屋である面が強調されている。しかし単にけちであるのではなく、常に冗談を言い、自分の失敗をおもしろおかしく話して聞かせるので、周囲に笑いが絶えない。それゆえに、愛される人物として描かれているのである。

作「ヤヤ最《も》う往《いの》〳〵兎《と》に角咄《かくはなし》が長《なご》なつてならんハしからば。イヤ皆さんこれに　**びん**「最《も》うちつとお咄《はなし》なせへ　**作**「イヤ〳〵居《ゐ》た迚《てゝ》あかんはいの。ト出て行　**長**「軽業《かるわざ》の口上といふ男だの　**短**「桃色《もゝいろ》の肩衣《かたぎぬ》を羽織《はおつ》てちやるめらを吹《ふか》うといふ人だ　**びん**「気のかるいお方《かた》さ

（「浮世床」初編巻之中、一二七〜一二八頁）

このように、一九、三馬ともに上方者の特徴として金銭に対するあくなき執着や際限のない饒舌ぶりを誇張気味に描いている。しかし暴力という点についていえば、上方者の気の長さ、柔弱さが強調され、むしろ江戸っ子の気の短さ、すぐに暴力に訴える短慮を戒め、話し合いによる解決の長所を説いているのである。

作「ササいはんすなそこぢやて。そりや立入《たていれ》ぢやないトツトノ横入《よこいれ》ぢや。ほんまに男を立《たて》るといふ者は立派に口聞《くちきい》て詞論《ことばろん》の利詰《りづめ》にして得心《とくしん》さすは。ハテそれで得心ないならば云《いふ》ても詮《せん》がないさかいトツト放置《ほつと》くがゑいはいの。そりや馬鹿者《ばかもの》ぢやと思ふてハテ負《まけ》たが能《ゑい》は。（中略）自慢ぢやないが上方《かみがた》には其様《そない》な馬鹿者《ばかもの》は出来《でけ》ぬぢや。

大坂の人気《じんき》が荒《あら》いといふてもそんなぢやない。京都は別《べつし》て王城《わうじやう》の地《ち》ぢやさかい男も女子《をなご》のやうで万事《ばんじ》がやさかたに優《ゆう》ぢやはいの（初編巻之中、一二一頁）

以上は、江戸っ子である十返舎一九と式亭三馬の目に映った上方者の描写であった。他の作家の作品についてもさらに検討を重ねる必要があるが、描写の生々しさ、後の大阪人・関西人のステレオタイプとの連続性から考えて、これらの上方者のステレオタイプは江戸時代後期において相当程度完成されたものであると見てよいように思われる。なお、これらの人物描写は、ある程度は当時の上方の文化を反映した、真実味のあるものであったと考えられる。井原西鶴の浮世草子の作品を重ねて思い浮かべてもよいが、大坂を中心とする上方文化には、現実的で経済性を重んじる気風があったのである。また、閉鎖的な傾向のあるマーケットの中で、日常的に無駄とも見える会話を重ねることを通して、商機をつかんでいくという商習慣もあって、おしゃべりを嫌わず、むしろ歓迎する気風も育っていたのであろう。

これらの性質が、江戸という環境におかれることによって、一層目立って見えることを、三馬は鮮やかに示した。江戸は武士の町で儒教的禁欲主義、理想主義、行動主義（武士は喰わねど高楊枝）が支配している。一方、上方者は、金儲けのために江戸に来ているのであり、江戸の上方者は江戸っ子にとって、なりふり構わぬ守銭奴に映ったことであろう。また、上方者の造形には、当時江戸でも人気のあった義太夫節(人形浄瑠璃)のくどい、抑揚の強い芸風も影響を与えていたと思われる。

江戸のように、理想主義的でヒロイックな人格が尊ばれる気風の中で、上方者は自然にトリックスターの役割を割り当てられることになるのである。

近代マスメディアの中の大阪人・関西人

さて近代に入り、日本は富国強兵、脱亜入欧等の新しいストーリーを選択し、かつて武士であった士族が引き続き近代帝国を牽引していくこととなった。ここでは一層、禁欲的で寡黙で行動的な、ヒロイックな人格がもてはやされる。したがって、東京から発信される物語の中で、大阪人、関西人はトリックスターたらざるを得なかったのである。

近代における〈標準語〉化運動の異化作用についても注意しておく必要があろう。『浮世風呂』の中で「かみがたすぢの女」は、「お山さん」に手強い抵抗を受けたとはいえ、自らの言葉に対する威信に対して微塵も疑いを持っていなかった。ところが近代に入って明治末から大正にかけて言文一致運動が完結し、さらに〈標準語〉推進の運動が展開していく中、〈標準語〉とは「東京で話される教養ある人々の言葉」との認識が動かしがたいものとなっていった。〈ヒーロー語〉=〈標準語〉でなければならなくなったのである。

〈標準語〉普及の推進力となったラジオは、一方で大阪弁、関西弁を全国に発信する装置ともなったが、そこから聞こえてくる関西弁とはすなわちエンタツ・アチャコを代表とする漫才であった。エンタツ・アチャコは映画にも進出して成功したが、この過程で、マスメディアにおける「関西弁＝お笑い」という図式が固定化されていったと考えられる。一九三〇年代のことである。エンタツ・アチャコの有名な漫才「早慶戦」の一部を見ておこう。

エンタツ「しかし、僕ね、今こそこんな細いやせた身体をしていますが、これでも学校にいる時分は立派なものだったんですよ。」（中略）**アチャコ**「当り前や、君はどこの学校や？」**エンタツ**「三高です。」**アチャコ**「三高？　ははん、京都で勉強したんですか？」**エンタツ**「僕はね、どうも不思議と、大阪に住んでいて、いまだに京都をしらないんです。」**アチャコ**「そんな阿呆らしいこと、三高やったら京都やないか。」**エンタツ**「いいや西宮《にしのみや》です。」**アチャコ**「西宮？　そんなところに三高ってありませんよ。」**エンタツ**「西宮第三尋常高等小学校。」**アチャコ**「なんや、僕の言うてるのは、上の学校のことや。」**エンタツ**「僕の学校は丘の上にあった。」

（エンタツ・アチャコ「早慶戦」九二〜九三頁）

戦後、テレビが加わった後も、関西から発信される番組はもっぱらお笑い番組が中心であった。一九五九(昭和三四)年の「番頭はんと丁稚どん」「とんま天狗」、一九六二(昭和三七)年の「てなもんや三度笠」などがその代表である。

一方、「お笑い」でない関西発信のドラマといえば、菊田一夫の戯曲「がめつい奴」、そして花登筐の「根性もの」を挙げなければなるまい。前者は一九五九(昭和三四)年に東京・日比谷の芸術座で上演されてロングランを達成し、翌年には映画化もされた。大阪・釜ヶ崎の安宿を切り盛りするお鹿婆さん(公演も映画も三益愛子が演じた)のすさまじいケチぶりを描いて評判となり、菊田一夫の造語である「がめつい」まで有名にしてしまった。

花登筐の「根性もの」としては、一九六七(昭和四二)年の「船場」、一九六七(昭和四五)年からロングランを果たした「細うで繁盛記」、一九七三(昭和四八)年からの「どてらい男」、一九七九(昭和五四)年の「鮎のうた」などが挙げられる。なお、作者の花登筐は滋賀県出身であり、彼のドラマのヒーロー・ヒロインには関西人というより近江商人のイメージが投影されていると考えられるが、ともあれ、これらのドラマの成功によって、「関西人＝どケチ、ど根性」の図式が固定化されていったのであろう。「パーやん」は、この図式の延長上にいるのである。

好色・暴力と大阪人・関西人

さて、ここまでの分析では、関西人と好色や暴力という性質との結びつきはあまり明らかではなかった。むろん、好色については遠く井原西鶴の『好色一代男』『好色五人女』等の好色ものを思い出すべきであるが、近代におけるステレオタイプはまた別に起源を求める必要がある。この点については、今東光（一八九八〜一九七七）の「河内もの」に契機があるのではないかと想像される。今東光の河内ものは、『春泥尼抄』（一九五七年）など一九五〇年代後半から書かれ、さらにその多くはただちに映画化されている。映画作品としては、「春泥尼」（一九五八年）、「みみずく説法」（一九五九年）、「こつまなんきん」（一九六〇年）、「河内風土記　おいろけ説法」（一九六一年）などが挙げられる。今東光の「闘鶏」から、エネルギッシュでワイルドな河内弁の口上を引用しておこう。

「よオ。見てるばかりが能やないで。賭ける銭ないのんか。なかつたら遠慮のういうてみい。器用に貸したるで。せやけんどな。貸してもろて返す甲斐性ないのは、やめたつて。おい。そこらにいる若いの。わい等は軍鶏の見物にうせさらしたんか。それとも蹴合いに来たんか。どつちやや。はつきりしたつて。其所のおつさん。どや。（中略）河内者《かわちもん》は百や二百の銭で思案さらすんか。笑われるで。そない渋ちんのところを、あの娘《こ》に見せともないわ。さあ。張つた。張つた。はつて悪いは親爺のドたまだけや。目エ剝くほど儲けさしたるで。これでも、よう張らんのか。ほたら、わいがいたる。わいが相手じゃや。さあ、張ってみい。がしんたれめが――」

（今東光「闘鶏」九頁）

一九六一（昭和三六）年には、今東光原作の映画「悪名」が封切られた。これは河内のやくざの物語であり、ここでは関西弁と暴力が明瞭に結びつけられることとなった。「悪名」はヒットしてシリーズ化された。また、いわゆる「やくざ映画」は一九六〇年代から作られるようになるのだが、その舞台は東京、横浜、川崎等〈標準語〉圏とともに大阪、神戸、北九州、広島等の地方が選ばれた。たとえば、山下耕作監督「極道」（一九六八（昭和四三）年、その後シリーズ化）がその代表に挙げられる。ことに一九七五（昭和五〇）年以降は圧倒的に関西を舞台にするものが多くなっている。

なお、好色の面に関しては、野坂昭如の処女作『エロ事師たち』（一九六三年）も付け加えておく必要がある。猥雑極まりない内容と、生活臭あふれる大阪弁がマッチして強烈な印象を読者に与えた。

「考えてみたら東京弁があかんねんわ。あいつらの口きいてたら、ほんまのことかて嘘《うそ》いうてるみたいや、感情こもってえへんちゅうのかな、雨の夜のテープかて、ヒトニハサダメガオマンネ、ナア、コレモアンタノサダメヤオマヘンカ、サダメニサカラワント、サ、ソノテエドケトクナハレ、とこういうとったら、あの餓鬼かて満足しよったんや」

（野坂昭如「エロ事師たち」七頁）

漫画作品としては、一九七五（昭和五〇）年「嗚呼‼花の応援団」（どおくまん）の青田赤道、一九七九（昭和五四）年「じゃりン子チエ」（はるき悦巳）のテツなど、暴力的なエネルギーに満ちたキャラクターが現れている。

加えて、一九八五（昭和六〇）年には関西を舞台に山口組・一和会の抗争が勃発（これを「大阪戦争」という）、連日新聞紙上を賑わし、「関西は恐い」というイメージを一層あおり立てたことであった。

以上のように今東光氏の作品群やその映画化、関西を舞台にするやくざ映画等によって、一九六〇年頃から「関西人＝下品、暴力的、やくざ」等のイメージが作られ、七〇年代から増幅化の傾向を見せ、さらに八〇年代の現実世界における事件なども手伝って、ゆるぎないステレオタイプとなっていったのであろう。

ステレオタイプの変容

さて、これまでに見たように、関西人、大阪人に関するステレオタイプは、江戸時代後期の江戸で形成された性質を核とし、近代になってさらに重層的にいくつかの性質が付け加えられてきたのである。すなわち江戸時代には「けち」「饒舌・冗談好き」といった性質が上方者に与えられていたが、むしろ江戸の人間よりは非暴力的であると見られていた。近代には、一九三〇年代以降、ラジオ・テレビによる漫才中継やお笑いドラマの発信により、「関西弁＝お笑い」の図式が明瞭になり、さらに一九六〇年頃からの花登筐ドラマによって「ど根性」の性格が付与された。一九五〇年代以降は、今東光作品その他による好色と暴力が加わり、さらに関西を舞台とするやくざ・暴力団映画によって一層その色合いが強調されるようになった。

さらに近年には、別の特徴も与えられつつあるように思われる。きっかけは一九八〇年代はじめに起こった「マンザイ・ブーム」である。いくつかの関西の若手漫才コンビがテレビ番組で爆発的なブームを呼び、コンサートを開き、武道館を満員にするにまで至ったのである。これに同調する形で、一九八一年からは「オレたちひょうきん族」という番組も始まり、何人かの芸人が人気者になった。それまで「お笑い芸人」は一般人から一段低く見られ、その笑いの中にはさげすみの気持ちも若干込められていたに違いなかったが、このブームを契機に、お笑い芸人はヒーローにもなりうることが示されたのである。若者の間では、「関西弁＝かっこいい」という図式もできあがりつつあるという。

服部平次　「名探偵コナン⑩」30頁

この傾向に拍車をかけたのが、一九九三年に結成されたＫｉｎＫｉ・Ｋｉｄｓという男性二人組のアイドル・グループである。彼らは整った容姿を持ち、歌もダンスも上手という通常のアイドルと同様の特徴に加えて、関西出身ということを前面に押し出し、関西弁を隠そうともせず、お笑い芸人張りのギャグやつっこみを繰り出すところが大きな魅力となっている。彼らは、初めて関西のお笑いの要素を取り入れたアイドルなのであった。

　大阪人・関西人キャラクターの変質を物語るもう一つの証拠として、人気漫画「名探偵コナン⑩」に登場する高校生探偵「服部平次」を挙げておこう。彼は、東京の高校生探偵・工藤新一（実は、悪人に薬を飲まされて体が縮み、コナンという小学生になっている）のライバルで、大阪生まれの大阪育ちという設定になっている。もちろん〈大阪弁・関西弁〉をしゃべるのであるが、それ以外にこれといって特徴がない。つまり、お金に執着するわけでもなく、食いしん坊でもなく、好色でもない。見た目も、主人公の工藤新一にひけをとらないような美男子として描かれているのである。おそらく、従来のステレオタイプであれば、パーやんのようなもっとあくの強いキャラクターとして描かれるところであるが、主人公に対抗する強力なライバルとしてかっこよく描かれているところが新しいといえば新しい。

しかし、このような新しいステレオタイプが大阪人・関西人に与えられつつあるといっても、〈東京語〉＝〈標準語〉＝〈ヒーロー語〉という近代日本語の図式に大きな変動があるわけではない。服部平次がかっこよくても、あくまで主人公・工藤新一のライバルであり、ナンバー2に過ぎないことも否定できないのである。

第四章　ルーツは〈武家ことば〉——男のことば

1 〈標準語〉の変化

雨ふり

「雨ふり」は誰でも知っている北原白秋(一八八五〜一九四二)作詞の童謡である。詩集『太陽と木銃』(一九四三(昭和一八)年)に発表された。よく知られた歌ではあるが、一番から五番まで正確に歌える人は案外少ないかもしれない。

雨ふり

雨雨、ふれふれ、母さんが
蛇の目でおむかひうれしいな。
ピツチピツチ　チヤツプチヤツプ
ランランラン。

かけましよ、鞄《かばん》を母さんの
あとからゆこゆこ鐘が鳴る。

ピッチピッチ　チャップチャップ
ランランラン。

あらあら、あの子はずぶぬれだ、
柳の根かたで泣いてゐる。
ピッチピッチ　チャップチャップ
ランランラン。

母さん、僕のを貸しましよか、
君君この傘さしたまへ。
ピッチピッチ　チャップチャップ
ランランラン。

僕ならいいんだ、母さんの
大きな蛇の目にはいつてく。
ピッチピッチ　チャップチャップ
ランランラン。

（北原白秋「太陽と木銃」一八六〜一八七頁）

問題にしたいのは、四番の歌詞の中の「君君この傘さしたまへ《え》」である。この歌詞の「僕」は、雨降りの日にお母さんのお迎えがうれしくて「ピッチピッチチャップチャップ、ランランラン」と歌い出すようなキャラクターだから、どう考えても小学校低学年、あるいは高学年にしても幼い方である。その「僕」が「君君この傘さしたまえ」とは、現代の感覚からすると、ずいぶん物言いがおじさん臭い。今どき、会社の上司でもこんな言い方をしない、というのは、第二章の清水義範氏のエッセイで見たとおりである。どうやら、現代では〈上司語〉というべき役割語が、昭和一八年当時は小学生が使ったとしても不自然ではなかったということらしい。確かに、少年が「〜たまえ」を使う例は昭和初期にはたくさん見られるし、戦後でさえ簡単に見つけることができる。

たとえば次の例は、一九三六(昭和一一)年、『少年倶楽部』に連載された「怪人二十面相」からの例で、少年探偵の小林くんが怪人二十面相と対峙する場面である。

「名前なんかどうだっていいが、お察しのとおり、ぼくは子供にちがいないよ。だが、二十面相ともあろうものが、ぼくみたいな子供にやっつけられたとあっては、少し名折れだねえ。ハハハハハハハ。」

小林少年は負けないで応酬しました。

「坊や、かわいいねえ。……きさまそれで、この二十面相に勝ったつもりでいるのか。」

「負けおしみはよしたまえ。せっかくぬすみ出した仏像は生きて動き出すし、ダイヤモンドはとりかえされるし、それでもまだ負けないっていうのかい。」

（「怪人二十面相」五二〇頁）

また次は、一九五二(昭和二七)年の「鉄腕アトム・気体人間の巻」の中から、「ケン一」が「～たまえ」を使っている例である。

お茶の水博士「アトム／どうじゃ／人間のふりをして煙にとっつかれてみんか」

ケン一「ね　だから／このさいひとつ手を貸してくれたまえ」

アトム「オーケー」

（手塚治虫「鉄腕アトム①」九九頁）

このようにしてみると、〈上司語〉の「～たまえ」はある時期までは、〈少年語〉とでもいうべき役割語であったといえる。ここで、次のような疑問が浮かんでくる。

謎8　そもそも「～たまえ」という表現はどこから来たのか？

アトム どうじゃ 人間の ふりをして 煙にとっつ かれて みんか
ね だから このさいひとつ 手を貸して くれたまえ
オーケー

「鉄腕アトム①」99頁

謎9 なぜつい最近まで、「～たまえ」は〈少年語〉として認識されていたのに、今では〈上司語〉となってしまったのか？

役割語度の変化

さて、第三章で整理したように、〈標準語〉は書きことば、公的な話しことば、私的な話しことばというゆるやかで連続的な階層性を持っていて、私的な話しことばでは、〈男性語〉と〈女性語〉が分かれていた。このあたりの話体を、役割語度1（あるいは、1＋α）と設定したのである。

問題となっている「～たまえ」は〈標準語〉には違いないが、現代では「年輩の、ある程度地位のある男性」が同輩以下の人間に対して使う言葉と感じられる。すなわち、〈上司語〉である。しかも、現実にはほとんど用いられていないようである。

しかし戦前の資料を調べてみると、少年を含めてもっと広い範囲で用いられていた、一般的な語法であったらしいことがわかる。すなわち、いつの間にか役割語度が上がっていたのである。

〈女性語〉については、もう少し複雑なことが起こっていた。「いやだわ」「よくってよ」「すてきだこと」等の表現は、現在典型的な女性語として認識されているが、とりわけ「〜てよ」「〜こと」などは上流階級の女性が使用するという印象が強い。つまり〈お嬢様ことば〉である。しかし明治三〇年くらいまでは、これらの言葉づかいは識者から下品で乱暴な言葉づかいとして排斥されていた。ところが、女学校を中心に流行し、明治末年から戦前まではかなり一般的な言葉づかいになっていた。そしてこれも戦後、現実世界では次第にすたれていき、マスメディアの作品の中で観念的な〈お嬢様ことば〉として生き残っているに過ぎないというのが現状である。

このように、本章と次章では、〈標準語〉に何が取り込まれ、何がはじき出されていったかという過程を、男のことば、女のことばという観点から探っていく。

2　〈男性語〉の歴史

〈書生ことば〉

明治時代を象徴する言葉の一つに「書生」がある。今の社会でいえば「大学生」に大体相当するが、正規の大学だけでなく私塾のようなものに通ったり、特に学校に通わなくても東京の世話人の家に住み込み、雑用をしながら進学や就職の機会を窺っている若者をも書生と呼んだようである。そして、女書生という語もあるが、基本的には書生は男性である。

坪内逍遙（一八五九〜一九三五）の小説『一読三歎当世書生気質』（一八八五（明治一八）〜一八八六（明治一九）年刊）は、明治初期の書生の生活を、誇張を交えながら生き生きと映し出している。少し長いが、引用する。

○此方《こなた》に尚《なほ》もたつたるまゝ。恍然《ぼんやり》思案の書生の背中。ポンと打《うた》れて。覚《おぼ》えず吃驚《びつくり》（書）ヲヤ誰かと思つたら須河《すがは》か。尚君《まだきみ》ハ残つて居《い》たのか　（須）ヲイ小町田《こまちだ》。怪しいぞ。あの芸妓《げいぎ》を君ハ知つちよるのか。ト言はれて覚《おぼ》えず真赤《まつか》にせし。顔を笑ひにまぎらしつゝ　（小）ナアニ僕《ぼく》が知つてるもんか　（須）それでも。ゑらい久しい間《あひ》だ。君と談話《はなし》をしちよつたでハないか　（小）ヱ。あれはナニサ。お客と鬼ごつこかなにかをして居《ゐ》て誤《あやま》つて僕に衝当《つきあた》つたので。それで僕にわびて居《ゐ》たのサ　（須）さうかア。それにしてハ大層《たいそう》ていねいだなア。（小）何《な》にが　（須）彼《かれ》がしバ〱君の方を。振《ふり》かへつて見ちよつたからサ。余《よ》ツ程《ぽど》君をラブ〔愛〕して居ゐるぞう（小）アハ、、、、。馬鹿《ばか》ア言ひたまへ。それハそうと。諸君ハモウ。不残《みんな》帰つてしまつたのか　（須）ウン。今漸《やうや》く帰してやつた。ドランカアド〔泥酔漢《どろんけん》〕が七八人《しちはちにん》出《で》来《き》おつたから。倉瀬《くらせ》と二人で辛《から》うじて介抱して不残車《みんなくるま》にのせてやつた。モウ〱幹事ハ願下《ねがいさげ》だ。ア、辛度《きつか》〱（小）僕《ぼく》ハまた彼処《あそこ》の松の木の下へ酔倒《えひたふ》れて居《ゐ》たもんだから。前後《ぜんご》の事ハまるで知らずサ。それやア失敬《しつけい》だつたネヱ。ちつとヘルプ〔手《て》助《だすけ》〕すれバよかつた（須）ヤ日輪《ひ》がモウ沈むと見えるワイ。去《い》なう〱（小）倉瀬ハ如何《どう》したか（須）麓《した》の茶屋《ちやゝ》に俟《まつ》ちよるじやらう。宮賀《みやが》がアンコンシヤス〔無感覚《おぼえなく》〕になりおつたから。それを介抱しちよる筈《はず》じや。ア、僕も酔《え》ふた〱。ア、引。酔《え》ふてハア。枕《まくら》すゥ。美人《びじん》のゥ。膝《ひざ》ァ引。醒《さめ》てハァ。握《にぎ》るゥ。天下《てんか》のゥ。権《けん》引。

（坪内逍遙「当世書生気質」六三頁）

ここに現れた、「小町田」と「須河」という二人の書生の会話を見てまず気づくのは、ほとんど意味のない英単語の多用である。「ラブ(love)」「ドランカアド(drunkard)」「ヘルプ(help)」「アンコンシヤス(unconscious)」など、現在でも外来語として必ずしも定着していない語が多く、実用的というよりは、当時の知的エリートとしての無邪気な気取りが表現されているのであろう。

また、「諸君」や「失敬」といった漢語の使用も目に付くところである。明治時代は一般的に漢語の使用が急激に増加した時代として知られているが、この「諸君」「失敬」などは、特に書生用語として定着した語といってよい。

それにしても、小町田と須河の言葉は方言的にずいぶん違う特徴を持っているように見える。まず、小町田の言葉にはいわゆる方言色がまったくない。小町田は東京(江戸)白山生まれ、父親は「維新の際《きは》に些少《ちと》ばかりの功績《いさほし》」あって官員に取り立てられたとあるから、士族であったと見られる。〈標準語〉が基礎とする「東京の教育ある階層の男子の言葉」とは、まさしく小町田のような士族層の言葉であったと推測できる。

一方、須河の言葉には、方言的要素がたくさん用いられている。次のようなものである。

- 知っちょる、しちょった、出来おった、俟《ま》っちょる、なりおった、介抱しちょる
- きつか(＝きつい)
- 見えるわい
- 去《い》のう(＝帰ろう)

現代の方言の知識に照らしてみると、「〜ちょる」「〜おる」等の使用は中国から九州の特徴を示しており、また「きつか」という形容詞の終止形は、九州北部の特徴といえる。つまり西日本型方言の特徴が露わだが、どこの方言という風にも徹底してはいないようである。この言葉づかいについて、作者はわざわざ次のような注を付けている。

作者曰《いは》く須河《すがは》の言語《ことば》ハ如何《いか》なる地方の言語《ことば》なるかと不審をいだく人もあるべしこハ何処《いづこ》の方言《はうげん》と定《さだ》まりたるものにあらず書生社会に行《おこな》はるゝ駁雑《はくざつ》なる転訛言語《なまりことば》と思《おも》ふ

べし蓋《けだ》し書生中《しよせいちう》にハ上方《かみがた》の生《うまれ》にありながら態〱《わざ〱》土佐《とさ》方言《ことば》などを真似る者ありて一概に何処《いづこ》の方言《ことば》とも定《さだ》めがたけれバなり　（同）

つまり、書生になるために全国からやってきた若者の中には、西日本出身者も当然多数含まれ、彼らの言葉が〈書生ことば〉にも反映し、一種、流行語化していたらしい。

　このように〈書生ことば〉は、小町田のような東京の言葉と、須河のような西日本型方言とを含み込んだ総体・混成として捉えられる。書生たちはやがて政財界や学問の世界での指導者となっていくわけであるから、〈書生ことば〉はそのような日本の指導者の言葉の母胎なのである。小町田の言葉を純粋化していくと〈標準語〉となるが、〈書生ことば〉のうち〈標準語〉からはみ出る部分もまた、大臣、代議士、社長、学者等の〝えらい人〟の言葉にはしばしば現れてくる。

　たとえば、明治時代の知識人の講演や文章（言文一致体で書かれたもの）を調べてみると、存在動詞・進行・状態等の「おる・～ておる」や打ち消しの「～ん」等、案外西日本型の特徴が多く見いだせる。これは一つには、江戸時代の〈武家ことば〉や〈老人語〉の伝統を受け継いでいる可能性がある。また一つには、学問用語としての、漢文訓読文の影響も考えられる。そしてさらにもう一つの可能性として、須河の言葉のように、明治時代の書生たちが使っていた西日本型方言の影響が考えられるのである。たとえば次のような例がある。

◎讀賣に馬骨人言と云ふのを書いて居る匿名先生があるが連りにニイチエの攻撃をやつて居る。何人にも解し得らるゝ事だけは書いて居るが、超人や、轉生などの事になると、流石に俗學者の知解に入り難いと見えて一言も述べて居らぬ。こんな手際でニイチエを批評し得らるものならば、世に批評ほど容易なものはあるまいよ。

（高山樗牛「文芸時評」五〇頁）

次は夏目漱石（一八六七～一九一六）作『吾輩は猫である』（一九〇五（明治三八）～一九〇七（明治四〇）年刊）からの引用である。まず主人の苦沙弥先生は中学校の英語教師で、つまりは元書生であり、彼の言葉は〈書生ことば〉の延長上にあると言える。

（**迷亭**）「又巨人引力かね」と立つた儘主人に聞く。（**主人**）「さう、何時でも巨人引力許り書いては居らんさ。天然居士の墓銘を撰して居る所なんだ」と大袈裟な事を云ふ。

（「吾輩は猫である」九一頁）

また、この小説の地の文は猫の独白ということになっているが、猫は主人の口振りをまねて話しているのであり、つまりは主人と同様、〈書生ことば〉的な言葉を用いている。

元来こゝの主人は博士とか大学教授とかいふと非常に恐縮する男であるが、妙な事には実業家に対する尊敬の度は極めて低い。実業家より中学校の先生の方がえらいと信じて居る。よし信じて居らんでも、融通の利かぬ性質として、到底実業家、金満家の恩顧を蒙る事は覚束《おぼつか》ないと諦らめて居る。　（同、一〇八頁）

さて、先に述べた西日本型方言的な特徴以外に、彼らの言葉に共通する特徴が見える。小松寿雄「『一読三歎当世書生気質』の江戸語的特色」に示された「書生言葉の特徴」を挙げておく。

1　「ぼく」「吾輩」を多用し、書生言葉の自称はこの二つで賄う。
2　「きみ」を多用し、書生言葉としての対称は「きみ」一つで、このほか対称に準ずるものとして、人名呼捨て、人名くん付けを多用する。
3　命令表現として「たまへ」「べし」を多用する。
4　あいさつ言葉として、「失敬」を使う。
5　ほか、漢語・外来語の多用など。

ここで特に注意したいのは、一つには「〜たまえ」であり、もう一つは「ぼく・きみ」および「吾輩」という代名詞の使用である。「〜たまえ」は江戸時代の武家が使った言葉であり、「僕」も江戸時代の武家を中心とする漢学に親しんだ層が使用していたもので、総体として武家層の知識人の用語と見られる。これらの点から見ても、〈書生ことば〉はやはり、江戸時代から〈武家ことば〉を受け継いだ士族層の言葉に強い影響を受けているると見られるのである。

「〜たまえ」の歴史

「たまう」(たまふ)は上代文献から見える尊敬動詞である。もともと、高貴な人が目下の者に物を授ける意味であるが、平安時代には動詞の連用形に付いて、動作主に対する尊敬を表す補助動詞の用法が発達した。

いづれの御時にか、女御・更衣あまたさぶらひ給ひける中に、いとやむごとなき際にはあらぬが、すぐれて時めき給ふありけり。(「源氏物語」桐壺)

しかし、尊敬語としては、平安時代に起こった「〜らる(られる)」や中世末に起こった「お帰りある」等の形に置き換えられていき、「〜たまう」は文語あるいは古風な言葉づかい中にのみ残った。ただし命令形の「〜たまえ」とその否定形「〜たまうな」だけは、江戸の武家層の男性の言葉づかいの中に取り入れられていったようである。次の例は、洒落本『辰巳之園』（一七七〇（明和七）年刊）からの用例である。「客」とあるのは、武士であることが先行文脈で示されている。

客　さあ、みんな平《たいら》に〳〵。（中略）**客**　是〳〵、屋敷はやしき、爰はこゝじや。平《たいら》にし給へ。

（「辰巳之園」三〇五頁）

次の例は、小松百亀編の咄本（笑話集）『聞上手』（一七七三（安永二）年頃刊）から採ったものである。「家来をしかる人」とあるので、武家であることがわかる。

○悪イ癖《くせ》

心やすいものに、よく家来《けらい》をしかる人有《リ》。ある時きたりて、「晩《ばん》には皆《みな》がくるはづじやから、何もないが、貴様もきてはなし給へ」といふ。「それは忝《かたじけな》イが、貴様は人がゆくと、よく家来《けらい》をしかる人じやによつて行《いき》にくい」「さればおれもたしなむけれど、どふもしかり度《たく》てならぬ。わるい癖《くせ》じや。したが、もふ晩にはしからぬほどに、来《き》てくれ給へ」といふゆへ、「そんなら行かふ」と約束して咄《はなし》にゆきける。

（後略）

（「聞上手」三九七〜三九八頁）

このように、「〜たまえ」は武家の男性の言葉であり、そのまま明治の士族を介して、〈書生ことば〉に入り込んできたのであろう。

ボクとキミ

次に、「ぼく」という一人称代名詞について見てみよう。この語については、特に「きみ」との対使用成立の観点から記述した小松寿雄「キミとボク—江戸東京語における対使用を中心に—」が詳しいので、この論文をもとに見てみよう。小松氏によれば、「僕」はもともと、儒者たちの用いる、強い謙譲の意識をもって使用された自称詞であった。が、『牡丹燈籠』を見ると次のような使用の実態があった。

1 キミ・ボクの対使用が見られる。
2 『牡丹燈籠』のボクの待遇価値は儒者のボクより低く、軽い敬語程度である。
3 対使用の話し手は幇間《ほうかん》医者(ご機嫌取りを専らとする医者)で、儒者ではなく、普通の会話に用いられている。
4 ボクやキミの使用者は、幇間医者だけでなく、若い浪人の新三郎にまで広がっている。

また、アーネスト・サトウが編集した幕末の日本語会話書『会話篇』(一八七三(明治六)年刊)を見ると、次のような実態があるという。

1　ボクとキミは、対応する人称である。

2　武士や教育ある人々の間に対等関係で用いられていた。

以上のことから、「きみ」「ぼく」の対使用が明治以前、江戸末期に幇間医者、武士、教養層の間で広まっていたと考えられる、としている。そして、「〜たまえ」と同様、士族を介して〈書生ことば〉へと流入していく。

小松氏は、さらに〈書生ことば〉から〈少年語〉への展開を追っている。小松氏は一八九二(明治二五)年刊大江(巌谷)小波の『当世少年気質』の清原英麿の用例を挙げている。英麿は年齢一三歳、「学習院の小学科の生徒」で伯爵家の三男、自宅から馬車で通学しているという設定である。

いゝからもう泣くのはお廃《よ》し！　僕が其温飩の代を出してやるから、それを持ツて自家《うち》へお帰り！

(巌谷小波「当世少年気質」五頁)

また小松氏は、樋口一葉『たけくらべ』(一八九五(明治二八)〜一八九六(明治二九)年『文学界』掲載)から信如の例を出している。信如は龍華寺《りゅうげじ》というお寺の跡取り息子で、勉強が出来るということで子供たちから一目置かれる存在である。対話の相手の長吉は鳶職人の息子で、喧嘩っ早い乱暴者として描かれている。ここで長吉の「おいら」または「おれ」に対し、信如の「僕」が対比的に用いられている。

(長吉)…己《おい》らあ今度《こんど》のまつりには如何《どう》しても乱暴に仕掛《しかけ》て取《とり》かへしを付《つ》けようと思ふよ、だから信《のぶ》さん友達がひに、夫《そ》れはお前が嫌《い》やだといふのも知れてるけれども何卒《どうぞ》我《お》れの肩《かた》を持って、(中略)**(信如)**だって僕《ぼく》は弱いもの。**(長吉)**弱くても宜《い》いよ。**(信如)**万灯《まんどう》は振廻せないよ。**(長吉)**振廻《ふりまわ》さなくても宜《い》いよ。**(信如)**僕が這入《はい》ると負けるが宜《い》いかへ。**(長吉)**負けても宜《い》いのさ、夫《そ》れは仕方が無いと諦《あきら》めるから、

(樋口一葉「たけくらべ」四〇六〜四〇七頁)

明治三〇年代になると、「きみ」「ぼく」は教科書に登場し、標準語としての地歩を固め、いっそう普及していくことになる。文部省の「礼法要項」(一九四一(昭和一六)年)は、自称について、次のように規定している。

- 自称は、通常「私」を用ひる。長上に対しては氏又は名を用ひることがある。男子は同輩に対しては「僕」を用ひてもよいが、長上に対しては用ひてはならない。

また、対称については、次のように定める。

• 対称は、長上に対しては、身分に応じて相当の敬称を用ひる。同輩に対しては、通常「あなた」を用ひ、男子は「君」を用ひてもよい。

以上のようにして、「ぼく」「きみ」の対使用は、「〜たまえ」とともに、〈武家ことば〉から〈書生ことば〉を経て、〈少年語〉にまで広がりを見たことを、小松氏論文に基づいて確かめた。北原白秋の「雨ふり」は、まさしくそのような時点での典型的な〈少年語〉を反映した詩であったといえる。

しかし、「ぼく」「きみ」と「〜たまえ」はその後、やや異なった道を歩むことになる。〈書生ことば〉を出世後も受け継いだ後継者、〈上司語〉を含んで、政治家、教授など地位や権力を持った上層階級の男子の言葉の役割語には、「ぼく」「きみ」「〜たまえ」は依然として存在しつづけている。

山岡君、そう言わずにつき合いたまえ。／「究極のメニュー」作りに興味がないと言う君の真意を、今日はどうしても聞かせてもらうよ。
（雁屋哲（作）／花咲アキラ（画）「美味しんぼ①」六二頁）

ところが〈少年語〉からは「〜たまえ」が消え去る一方で、少年の中でも「ぼく」「きみ」の使用者は「優等生」「柔弱」などのイメージをまとうようになってきた。この変化の背景には、マスメディアにおける少年像の変化があるように思われる。

ボクとオレ

現在、〈標準語〉に含まれる男性の一人称代名詞としては、「ぼく」「おれ」「わたし」「わたくし」等が考えられる。「あたし」「あたくし」はより女性に偏るであろうし、「おいら」「あっし」「わし」などは役割語度が高く、本書の定義からすれば〈標準語〉とはいえない。

「ぼく」「おれ」「わたし」「わたくし」のうち、「わたし」「わたくし」は性別を問わず用いられ、また書きことばにも公的な話しことばにも用いられる、中立的な代名詞である。これに対し、「ぼく」「おれ」はもっぱら私的な話しことばに用いられ、話し手のキャラクターをはっきりと反映している。

「ぼく」の話者と「おれ」の話者のキャラクターの違いは、戦前の小説等にすでに現れている。早くは、『たけくらべ』の長吉と信如の対比を思い出してもいいし(一一八頁用例)、たとえば「ああ玉杯に花うけて」(一九二七(昭和二)〜一九二八(昭和三)年『少年倶楽部』連載）といった少年小説では、思慮深い少年の柳光一は主に「ぼく」を使用し、乱暴者の「生蕃」こと阪井巌は「おれ」を使用している。

（光一）「このつぎの日曜にね、ぼくの誕生日だから、昼からでも……晩からでも遊びにきてくれたまえね」　（「ああ玉杯に花うけて」六五四頁）

生蕃《せいばん》はしばらく考えたが、やがて大きな声でわらいだした。
「おまえはおれに喧嘩《けんか》をよさせようと思ってるんだろう。それだけはいけない」　（同、六六二頁）

ただしこの作品における「ぼく」「おれ」の使用は多分に相対的なものであり、巌も父に対しては「ぼく」を使用しており（七〇二頁）、また柳光一も、友人の青木千三に心情を吐露し、謝罪する場面では「おれ」を使用している（七七五頁）。このような使い分けはむしろ実態に即した、作品のリアルな側面を表しているであろう。

ところで、戦前の「ぼく」の使用者は「失敬」「〜たまえ」などの〈書生ことば〉をともに使用するのが普通であった。すなわち「ぼく」使用の少年は、上昇志向に溢れた、理想主義的な、あるいは立身出世を夢見る〝小さな書生〟であり、けっして柔弱というわけではなかった。少年もののヒーローは、小説にせよ、漫画にせよ、圧倒的に「ぼく」使用者が多かったのである。この傾向は、戦後しばらく少年漫画の世界に残っていた。「鉄腕アトム」はまさしくそのような雰囲気を持った、「ぼく」使用者の少年(といってもロボットであるが)を主人公とする作品である。

ところが、やがて少年漫画から、そのような上昇志向、理想主義の雰囲気が薄れ、ヒーロー像が変化していった。すなわち、ヒーローはぎらぎらした、むき出しの闘志や野性味を持ったキャラクターでなければならなくなったのである。そして同時に、一人称代名詞は「おれ」になった。決定的となったのは、一九六六(昭和四一)年連載開始の「巨人の星」、一九六八(昭和四三)年連載開始の「あしたのジョー」あたりであろうか。これらの漫画の主人公、星飛雄馬も矢吹ジョーもともに自称詞として「おれ」を用いている。少年漫画におけるこのヒーロー像の変化、そしてその象徴としての自称詞の推移は、現実社会では、家庭や学校に囲い込まれて、本来持っている生命力を押し込まれていった子供たちの、内なる叫びの反映であったのかもしれない。

このような変化がいつごろから、何をきっかけに進んだかは明らかではなく、また十分な実証的研究があるかどうかも知らないが、昭和三〇年代の劇画ブーム、昭和四〇年代の青年漫画誌創刊ラッシュなどに伴って、漫画を読む世代が断然広がっていったことも、一つの要因になっているかもしれない。

ヒーローが「おれ」を用いるようになることと並行して、「ぼく」のイメージも大き

「巨人の星①」109頁

「あしたのジョー①」48頁

く変わっていった。家庭や学校に擁護され、飼い慣らされた少年というキャラクターに結びつけられるようになったのである。たとえば「ドラえもん」(一九七〇(昭和四五)年から連載)ののび太に代表される、藤子・F・不二雄作の少年向けギャグ漫画の主人公は、ほぼ例外なく「ぼく」を使用している。

　この、野性的・攻撃的な「おれ」と柔弱で被保護者的な「ぼく」の対比を生かし、何らかの原因で二面性あるいは二重人格を背負わ

「三つ目がとおる①」37頁・175頁

された少年を主人公とする場合、「おれ」と「ぼく」の使い分けで人格の転換を効果的に知らしめることがある。たとえば手塚治虫「三つ目がとおる」(一九七四(昭和四九)〜一九七八(昭和五三)年連載)がその例である。高橋和希「遊☆戯☆王」、青山剛昌「名探偵コナン」にも同様の工夫が見える。

3　仮面（ペルソナ）としての役割語

筆者は、兵庫県西宮市の大学で、男子学生一八名を対象に、日常生活での一人称代名詞の意識についてアンケート調査を行ったことがある。被調査人数が少ないので確定的なことはいえないが、次のような傾向のあることがわかった。

- 家族、友人、親しい異性の前などでは、「おれ」を使用すると回答した者と「ぼく」を使用すると回答した者（以下、それぞれ「おれ」使用者、「ぼく」使用者と表示する）とが拮抗して存在した。
- しかし、大学教員の前では「おれ」使用者は皆無となり、大部分が「ぼく」で、「わたし」等が少数あった。
- 就職活動での面接を想定した場合、「わたし」使用者が多数を占め、「ぼく」使用者を上回った。「わたくし」もあったが、「おれ」はもちろん無かった。

また、小さいころは「ぼく」を使っていたが、中学生くらいになると「おれ」に変えたと答えた学生もあった。さらに女子学生に聞いてみると、「ぼく」使用者よりも「おれ」使用者に好感を持つとする者が多数を占めた。そのような学生にさらに聞いてみると、「ぼく」使用者には弱々しい、幼稚である等の印象を持つのに対し、「おれ」使用者には男らしいという印象を持つなどと答えた。

これらの傾向は、筆者自身の印象や、日頃見ている学生たちの印象とも合致するものである。確かにいえることは、役割語とは単に作品の中における表現に止まることではなく、日常生活の中での言語使用にも関わる問題であるということである。すなわち、自分をどのような人間として相手に見せたいかという選択に関わるのであり、時には場面に応じて、服を着替えるように、使い分けるものなのである。役割語は時として、「仮面《ペルソナ》=個性」の一部になりうるといえる。

第五章　お嬢様はどこにいる——女のことば

1　お蝶夫人

「エースをねらえ!」(初出『週刊マーガレット』一九七三(昭和四八)〜一九八〇(昭和五五)年)は、テニスの名門西高校の中でも目立たない存在であった岡ひろみが宗方コーチに見いだされ、一流のテニス・プレーヤーとして成長していく物語である。この漫画の中でとりわけ異彩を放っている存在がお蝶夫人である。夫人といっても結婚しているわけではなく、単なる女子高校生なのであるが、父親は大富豪にして日本庭球協会理事であり、メイドさん付きのお城のような豪邸に住んでいる。テニスの実力は超高校生級、不敗神話を誇っているが、プライドもまた超一流であり、常に女王のように振る舞っている。このお蝶夫人の言葉がいわゆる〈お嬢様ことば〉の典型なのである。まず、「〜て(よ)」あるいは「動詞+わ」「名詞+だ・です+わ」「動詞(+ます)+の」といった語形を多用する。

ひろみ「お蝶夫人!」
お蝶「きょうはずいぶんポーズがくずれていたようね/おうちにかえったら鏡の前

「エースをねらえ！①」10頁

でくふうしなさい／欠点がよくわかってよ」
（山本鈴美香「エースをねらえ！①」一七頁）

部員「岡さんには…まだ選手はつとまりません／音羽さんが適当だと…」

お蝶「あたくしも賛成ですわ／音羽さんはいつも選手で実力があって」（同、二三頁）

お蝶「まったくどなたもカンにさわることばかりなさるわね!!」
（「エースをねらえ！②」一七頁）

次はお蝶夫人の母の言葉であるが、文末に「こと」を付けて感嘆の気持ちを表す。

お蝶「おかあさま／でかけてまいります／おとうさまがお食事にさそってくださいましたの」

母「まあいいこと／いってらっしゃい」
（「エースをねらえ！④」一三八頁）

また、どのように不快なことがあっても、たとえ激高していても、言葉づかいはあくまで丁寧であり、周到に敬語を使いこなす。

お蝶「……コーチにおことわりしてらっしゃい／そのほうがあなたのおためよ」

お蝶「まあ！　人を見る目がおありですのね／他校の選手にもずいぶんご理解が深くていらっしゃるようですし！」

（同、二四頁）

（「エースをねらえ！②」三六頁）

もう一つ、お蝶夫人の特徴を付け加えておこう。彼女は笑うとき、必ず「ホホホ…」と笑う。けっして「ハハハ…」と笑うことはない。

ここで、次のような疑問が生じてくる。

謎10　お蝶夫人のように話す「お嬢様」は今の世の中に実在するのか？

謎11　お蝶夫人のような〈お嬢様ことば〉は、普通の〈女性語〉とどこがおなじで、どこが違うのか？

謎12　このような〈お嬢様ことば〉は、どのようにして生まれてきたのだろうか？

2　言葉の性差

文法的特徴から

現在、言葉の性差はどのように認識されているであろうか。まず文法的な特徴を、益

言葉の性差

中　立　的	女性的特徴
	あなたは女φよ(ね・よね).
	あなたもその本買ったの？ これ，誰が書いたの？
これ読んで.	こっちへ来てくださる？
明日のパーティ出席する？ ちょっと，そこの本取ってくれない？	(ちょっと，そこの本取ってくださらない？)
	困ったわ. 変な人がいるわ.
	「あら」「まあ」
「わたし」「わたくし」「あなた」「あんた」「おたく(さま)」「そちら(さま)」	「あたし」(女のほうがより多く用いる)

岡・田窪『基礎日本語文法』(改訂版、第V部第2章「ことばの男女差」)をもとにしながら整理してみよう。

　同書では、男性が主に使う表現と女性が主に使う表現があり、かなり体系的な区別がなされているが、絶対的なものでなく、使用場面による差や個人差も大きいとしている。そして、次のような性格付けを行っている。

　一般に、女性的な表現は、断定を避け、命

表 5-1

	男性的特徴
判定詞「だ」	君は女だ(＋よ・ね・よね).
「のか・のだ」	君もその本買ったのか. これ，誰が書いたんだ(い).
普通体＋よ	これ，ちょっと辛いよ.
命令形・禁止形・依頼形	こっちへ来い. そんなことするな. こっちへ来てくれ. こっちへ来てもらいたい.
疑問文	君，明日のパーティー出席するか. これは，君のかい. ちょっと，そこの本取ってくれないか.
終助詞	こんな調子では，試験に落ちるぞ. おれは待ってるぜ.
感動詞	「おい」「こら」
代名詞	「おれ」「ぼく」「おいら」 「わし」「おまえ」「君」

令的でなく、自分の考えを相手に押しつけない言い方をする、といった特徴を持つ。これに対して、男性的な表現は、断定や命令を含み、主張・説得をするための表現を多く持つ。

（二二二頁）

同書に挙げられた文法的特徴による男女差を、多少改変・整理してまとめると、表5－1のようになる。

また、一般に、敬語表現を多く用いると、より女性的な表現になるとも述べている。たとえば次のような表現は、女性的に聞こえるということである。

田中さんもいらっしゃいます。

そんなこと申しました？

ここで若干補足しておく。終助詞「わ」は女性的特徴であるとしているが、音調によって「わ」は二種類に分かれるという点を考慮しておく必要がある。すなわち上昇調の「わ」と下降調の「わ」であり、ここで女性的といわれているのは上昇調の「わ」だけである。下降調の「わ」は、女性も使わないことはないが、どちらかというと男性的に用いる。また各地の方言に現れる「わ」はたいてい下降調の「わ」であり、性別に関しては中立的であることが多い。

それから、「のか」「のだ」の疑問文で「か」「だ」を省略した形は女性的であるとしているが、筆者はむしろ中立的であると考える。それよりも、平叙文で「のだ(んだ)」の「だ」を省略した形「〜の」は、はっきりと女性的に聞こえる。

男性的表現　これ、昨日買ってきたんだ。
女性的表現　これ、昨日買ってきたの。

また、普通体に「よ」が付くと男性的としているが、筆者には比較的中立的に聞こえる。少なくとも絶対的に男性的とはいえないように思われる。

さらに付け加えると、自問的表現「かしら」や理由を表す文に現れる「ですもの」等は女性的表現であると考えられる(ただしある程度年輩以上の東京方言話者は、男性でも「かしら」を用いるようである)。一方、終助詞「さ」は男性的表現であろう。

これ、誰の靴かしら？
だって、うれしいんですもの。
きっと時間通りに来るさ。

男女専用表現と傾向的表現

以上の特徴を、「(男性・女性)専用表現」と「傾向的表現」に分けると、次のようになろう。

男性専用表現　「だ」(「だわ」、また「あらいやだ」等の独り言を除く)、命令、断定的な依頼、普通体＋「か(い)」による疑問文、終助詞「ぞ」「ぜ」、感動詞「おい」「こら」、代名詞「おれ」「ぼく」「おまえ」「きみ」など

女性専用表現　「〜てくださる？」「〜てくださらない？」等の依頼表現、平叙文の「〜の」「〜かしら」「〜ですもの」、終助詞「わ」、感動詞「あら」「まあ」(代名詞「あたし」)

傾向的表現　敬語的表現が多ければ多いほど、女性的

『基礎日本語文法』では、これらの特徴は当然ながら現代日本語の実態として捉えられているが、役割語として捉え直すことも可能である。むしろ、実態ははるかに多様であり、容易に、単純に一般化できるものではない。またすでに述べたように、私たちは

役割語を仮面《ペルソナ》として利用するのであるから、男性的に振る舞いたいとき、女性的に振る舞いたいときには、これらの役割語を実生活の中で意識的・無意識的に用いたりもするのである。

さて、先のお蝶夫人の言語的特徴を見てみると、この節で見た女性的表現(および中立的特徴)にほぼ完璧に当てはまることがわかる。しかしながら、お蝶夫人は使うが、ここで触れた女性的表現には含まれない表現もある。それは、「欠点がよくわかってよ」のような「〜てよ」、「まあいいこと」のような感動文の「〜こと」である。すなわち、これらの特徴こそが、普通の〈女性語〉からはみ出た役割語〈お嬢様ことば〉の指標といえるであろう。

それでは、現代の〈女性語〉の特徴および〈お嬢様ことば〉の特徴は、歴史的に見るとどこから来たのであろうか。また〈お嬢様ことば〉は、現在どうなっているのであろうか。

3 『浮世風呂』の女たち

式亭三馬の滑稽本『浮世風呂』(一八〇九〜一八一三年刊)を見ると、江戸の社会の中でも下層に位置する人々の間では、男性と女性の言葉の差はほとんどない。あるいは、あったとしても相対的な差でしかなかったようである。これに対し、上層の町人では、結婚前の娘を行儀見習いのために武家に奉公させることが広まっており、武家の女性の丁寧な言葉づかいを習得した女性が多くいた。さらに武家の女性の言葉づかいは宮中の女房ことばに由来するともいわれている。すなわち、「宮中↓武家↓町人」という経路で、丁寧な女性語が伝播していたわけである。これを、「遊ばせことば」と称する。遊ばせことばは次のようなものである。

やす「ハイ。いへもう私《わたくし》の旦那《だんな》をお誉《ほ》め申すもいかゞでございますが、惣別《そうべつ》お気立《きだて》のよいおかたでネおまへさん。あなたがお屋敷にお出遊《いであすば》す時分《じぶん》は、お部屋中《へやぢう》で評判のお結構人《けっこうじん》でございました。私《わたくし》が一体《いったい》麁相《そゝっ》かしい性《うまれ》で、ぞんざいものでございますのに、つひしか、ぷツつりともおつしやりません。夫《それ》で私《わたくし》もあんまりのありがたさに、せめて御婚礼《ごこんれへ》までお着《つき》申さうと存《ぞんじ》まして、只今《たゞいま》までとう〳〵長年致《ちゃうねんいたし》ましたが、是《これ》からはどうぞ、お子さままでもお出来遊《できあすば》すのを見て、何所《どこ》へぞ片付《かたづき》ませうと存《ぞんじ》ますのさ

（「浮世風呂」二編巻之下、一二三頁）

ただしこの「やす」という女性は下女であり、必ずしも高い階層にいる人物ではない。しかし自分の主人に付き従ってお屋敷にあがっていたので、遊ばせことばを身につけたのである。

次に、下層町人の女性の、本来の言葉とは、次のようなものである。

なんの、しやらツくせへ。お髪《ぐし》だの、へつたくれのと、そんな遊せ詞《あそばせことば》は見《み》ツとむねへ。ひらつたく髪《かみ》と云《いひ》なナ。おらアきつい嫌《きれへ》だア。奉公《ほうこう》だから云《い》ふ形《なり》になつて、おまへさまお持仏《じぶつ》さま、左様然者《さやうしからば》を云《いつ》て居《ゐ》るけれど、貧乏世帯《びんぼうじょてへ》を持つちやア入《い》らねへ詞《ことば》だ。せめて、湯へでも来た時は持前《もちめへ》の詞《ことば》をつかはねへじやア、気が竭《つき》らアナ。

（同、一三三頁）

これはやはり下女の言葉であるが、遊ばせことばを批判し、自分たちの「持ち前の言葉」を使うべきだという主張が含まれていて興味深い。

これら町人とは別に、江戸時代には遊女がいて、独特の言葉づかいをしていた。次の例は、一七七〇(明和七)年頃刊の『遊子方言』からの一節で、「部屋持」というのが遊女である。「なんす」「おざんす」等が遊女ことばである。

部屋持　もうお帰りなんすのかへ　**むすこ**　あい　**部屋持**　もちッとゐなんせ。まだはやうおざんす　**通リ者**　もしわたしをばなぜとめなさんせん　**部屋持**　おまへをばぬしがとめなんしよから、わたしがとめ申さずと、ようおざんす

（「遊子方言」三六二頁。表記は少し変えてある）

このように遊女は非常に特徴的な話し方をしていたが、客に対しては極めて丁寧な表現を用いていた。遊女の言葉から一般に広まった語法もいくつかあることが知られている。

さて、以上見てきたように、江戸時代の江戸には女性的な話し方も存在したが、現代語の〈女性語〉に現れた女性専用表現はまだ充分現れていない。

4　江戸語と近代〈女性語〉

小松寿雄氏は、「東京語における男女差の形成―終助詞を中心として―」という論文の中で、夏目漱石『三四郎』（一九〇九（明治四二）年刊）と『浮世風呂』の男女の言葉づかいを調べて、対照している。特に文末の終助詞の違いについてまとめたのが、表5－2である（少し改変してある）。

表5－2から気づかれること、注意すべきことを述べておきたい。『浮世風呂』で男女とも用いていた表現、特に上層女性が用いない形が『三四郎』で男性の用いる表現になっていることは自然なこととして受け入れられるが、中には女性が用いる表現になっ

表5-2　東京語(『三四郎』)と『浮世風呂』の男女の言葉づかい

終助詞	東京語	浮世風呂	浮世風呂用法備考
〜ダ	男	男　女	
ダワ	女	男　女	上層女性不使用
ダゼ	男	男　女	上層女性不使用
ダゾ	男	男　女	上層女性不使用
ダナ	男	男　女	上層女性不使用
ダネ	男	男　女	
ダヨ	男	男　女	
コト	女	男　女	
〜サ	男	男　女	
〜ゼ	男	男　女	上層女性不使用
ゼエ	男	男　女	上層女性不使用
〜ゾ	男	男　女	
〜ナ	男	男　女	
体言＝ネ	女	男　女	用例少数
体言＝ネエ	女		用例なし
ナノ	女		用例なし
〜ノ	女	男　女	
ノネ	女		用例なし
ノヨ	女	男　女	上層女性不使用
〜ヤ	男	男　女	種々の用法あり
体言＝ヨ	女	男　女	
〜ワ	女	男　女	
ワネ	女		用例なし
ワヨ	女		用例なし

ているものがある。まず「だわ」および「〜わ」についてであるが、『浮世風呂』のものと『三四郎』の女性が用いるものとでは、音調が異なっている可能性が高い。むろん、文献資料から直接音調がわかるわけではなく、歌舞伎、落語等の伝統芸能や現在の東京下町方言等に基づく推論であるが、『浮世風呂』の「〜(だ)わ」は下降調で発話された

ものと考えられる。次のような例である。

おぢさんが折角《せっかく》うめてお呉《くれ》だは。

（金兵衛、『浮世風呂』前編巻之上、二二頁）

コレ、おらがきが、あくたれあまか、うぬが孫が根性悪《こんじやうわる》か、人さまが御存《ごぞんじ》だは。

（かみさま、二編巻之下、一一九頁）

また、『浮世風呂』の「だわ」は「だわい」「だわさ」「だわす」「だわな」等、後ろにさまざまな終助詞を持つが、近代女性語の「だわ」は「よ」「ね」しか後ろに付けることができず、かなり用法が異なっている。

次に、「体言＋よ」「～のよ」について見ると、「よ」の性質が江戸語と近代東京語とでかなり異なっていることがわかる。『浮世風呂』に現れる「よ」は、本来的に指定の助動詞（「だ」「である」等）と同等の働きをし、体言に直接付くことができる。むしろ、指定の助動詞の後ろには付かないのである。この点では、終助詞「さ」とも似ている。この「よ」は、音調の上では常に下降調であり、上昇調では用いられない。

貴《とうと》い寺は門からといふけれど、医者さまばかりは見かけによらぬものよ。裏店《うらだな》に居《ゐ》る貧乏医者に功者《かうしや》なお人があるものさ。

（かみさま、二編巻之下、一三〇～一三一頁）

一方、近代東京語の「体言＋よ」「〜のよ」は、「体言＋だ＋よ」「〜のだ＋よ」(男性的表現)の「だ」が省略されたものである。つまりこの「よ」は、指定の助動詞と同じ働きをすることはできず、「だ」の後ろに付くのが本来の用法であるが、女性語で「だ」が省略されたときに見かけ上、江戸語の「よ」と同じに見えるのである。音調的には、近代〈女性語〉の「体言＋よ」「〜のよ」は、上昇もあるし(それが多い)、下降の場合もある。次の「よ」の例などは、上昇調であると考えられる。

「広田先生は、よく、あゝ云ふ事を仰《おつし》やる方《かた》なんですよ」と極めて軽く独り言《ごと》の様に云つたあとで、急に調子を更《か》へて、
「かう云ふ所に、かうして坐《すは》つてゐたら、大丈夫及第よ」と比較的活潑に付け加へた。さうして、今度は自分の方で面白さうに笑つた。

(美禰子、「三四郎」五の九、四一五頁)

このように見ると、『三四郎』に現れた女性的表現は江戸語から連続したものではなく、同じ形に見えても、実は新しい形式であることがわかる。江戸語から連続している表現のうち、男女共用の形式で近代〈男性語〉に吸収されていったものは多いが、近代

〈女性語〉の、特に女性専用形式との間には断絶があるのである。

では、近代〈女性語〉に特有の形式は、いつ、どこで生まれ、どのように広まっていったのであろうか。

5　「てよだわ」の発生

『浮雲』の母と娘

二葉亭四迷による、近代の言文一致小説の嚆矢である『浮雲』(一八八七(明治二〇)〜一八九〇(明治二三)年発表)には、「お政」と「お勢」という母娘が登場する。母の言葉は江戸語の特徴を受け継いでいるのに対し、娘の言葉にははっきりと近代的な〈女性語〉の文法的特徴が現れている。まずお政の言葉を見てみよう。

「子を持ツてみなければ、分らない事《こっ》たけれども、女の子といふものハ嫁《かたづ》けるまでが心配なものさ。それやア、人さまにやア彼様《あん》な者《もん》を如何《どう》なツてもよさゝうに思はれるだらうけれども、親馬鹿とハ旨《うま》く云ツたもンで、彼様《あん》な者《もん》でも子だと思えバ、ありもしねえ悪名《あくみょう》つけられて、ひよツと縁遠くでもなると、厭なものさ。それに誰にしろ、踏付られゝやア、あンまり好《い》い心持もしないものさ、ねえ、文さん。」

（お政、二葉亭四迷「浮雲」一五〇頁）

傍線を施した部分は江戸語的な特徴を示す部分で、特に終助詞の「さ」を女性も使うという点は、彼女の言葉の古さを示している。一方、お勢の言葉はどうか。

「ですがネ教育のない者ばかりを責める訳にもいけませんヨネー　私の朋友なんぞは教育の有ると言ふ程有りやアしませんがネそれでもマア普通の教育は享《う》けてゐるんですよ、それでゐて貴君《あなた》西洋主義の解るものは、廿五人の内に僅四人《たつたよつたり》しかないの、その四人《よつたり》もネ塾にゐるうちだけで外《ほか》へ出てからハネ口程にもなく両親に圧制せられてみんなお嫁に往ツたりお婿を取ツたりして仕舞ひましたの、だから今まで此《こ》様《ん》な事を言ツてるものハ私《わたくし》ばツかりだとおもふと何だか心細《こゝろぼそ》ツて〳〵なりません、でしたがネ、此頃は貴君《あなた》といふ親友が出来たからアノー大変気丈夫になりましたわ

（お勢、同、二二頁）

傍線部に示したように、平叙文末の「〜の」、終助詞「わ」などが見える。この「わ」は、上昇調で発話されるものと思われる。

このお勢という女性は、年齢は一八歳、小学校卒業後、芝にある私塾に通ったのち、

小説の主人公の文三について英語の勉強を始めたという、学問を志す女性として描かれている(ただし、その情熱は表面的な上滑りのものであったことが次第に明らかになる)。彼女の言葉の(当時としての)新しさは、学校通いということと関係しそうである。このことはすぐ後に触れる。

非難されていた「てよだわ」

さて、現在は優しい、上品な言葉づかいとしてプラスの評価を与えられることの多い女性専用表現であるが、このような表現が現れはじめた明治二〇年頃から明治四〇年代まで、文学者、教育者、マスメディアなど指導的な立場にあった人々(すべて男性)の言説では、一貫して、品格のない、耳障りで乱暴な表現として、排斥されていた。そうして、その起源を山の手の下層階級の言葉であると言ったり、下級の芸者の言葉であると言ったりして、社会的階層の低い人々の言葉から発していると指摘することが多く、女学校を中心とする学校を介して若い女性に広まっていったものと説明されている。石川禎紀氏の「近代女性語の語尾―「てよ・だわ・のよ」―」から引用しておく。

……言文一致の権威山本正秀先生によってすでに紹介ずみの資料であるが、その発生につき、早く尾崎紅葉に論がある。「流行《はやり》言葉」(「貴女之友」、明治21・6)と題するものが、それである。すなわち、八九年前小学校の女生徒の親しい間に、「梅はまだ咲かなくツテヨ」「アラもう咲いテヨ」「桜の花はまだ咲かないンダワ」など、語尾の異様なことばづかいが聞かれるようになった。これが五六年来このかた、高等女学校の生徒、さらには貴婦人の間にまで及んできたが、これらの語の素性はといえば、「旧幕のころ青山に住める御家人の(身分いやしき)娘がつかひたる」卑しいことばであるから、使うべきではない、と忠告している。これより二年後の「女学雑誌」(明23・7)においても、「女性の言葉つき」(破月子)と題する論が「よくってよ」「何々ダワ」「公園へ散歩に行く? (行くで切て仕舞て西洋風に語尾を上げる)」など、女生徒間に流行するこれらのことばを、あらあらしいイヤなものとして、しりぞけている。さらにこれより十五年後の、明治三十八年になっても、「教育時論」(明38・5)が「イヤヨ」「ヨクテヨ」「ソーダワ」などの語尾をいやしいものとして非難している。(二二頁)

尾崎紅葉の言によれば、一八八八(明治二一)年の八、九年前、すなわち一八七九(明治一二)~一八八〇(明治一三)年あたりに小学校で聞かれるようになり、その世代の成長とともに高等女学校あるいはそれ以降の年齢の女性に広まったということになる。また「女学雑誌」(破月子)における指摘で興味深いのは、「か」を伴わない上昇調の疑問文が当時始まったらしいことである。また「だわ」が江戸時代から存在するにもかかわらず耳障りな表現として指摘されるのは、やはり江戸時代のものとは音調が異なっていたことを示唆するものと考えられる。

さらに、飛田良文氏『東京語成立史の研究』に紹介された論評を例として挙げておく。

……昔は牛込辺の場末の語たりし「アラよくつてよ」などが今日にては寧ろ中流以上の娘言葉のやうに聞かるゝも異なものかな、思ふに此は山の手辺の下等社会より其の界隈のお屋敷へ伝播したるが始めにて、其のお屋敷といふもの今の世の羽振りよき権門の歴々なれは、此処よりやがて下町へも伝はれるものならんか。

（一八九六(明治二九)年『早稲田文学』四月号の雑界(令嬢細君の言葉)、二〇四～二〇五頁）

近年女学の勃興するに従ひ比較的下流社会の子女が極めて多数に各女学校に入学するに至りしより所謂《いわゆる》お店《たな》の娘小児《むすめこども》が用ゆる言語が女学生間に用ひらるゝに至れること左《さ》に掲ぐる例の如し

○なくなつちやつた○おーやーだ○行つてゝよ○見てゝよ○行くことよ○よくツてよ

（一九〇五(明治三八)年三月一六日『讀賣新聞』）

……(中略) アタイだの、否《いや》ヨだの云ふ言葉は、あれは元来芸妓屋《げいしゃや》の言葉なんだ。

（中略）併《しか》し其芸妓《そのげいしゃ》にしろ、アタイなんて云ふ言葉は、同輩の間に使つたもので、お客の前へ出ては勿論《むろん》、姉《ねえ》さんに対しても、以前は決して使はなかつた。必らずアタシと言つたものである。又よくつてヨとか否《いや》ヨとか云ふ言葉は、今でも能《よ》く下地《したぢ》ツ子が使ふが、以前から然《さ》うであつた。併し之《こ》れとても内輪《うちわ》の通用語で、他所行《よそゆ》き言葉ではなかつたものだ。

（竹内久一（彫刻家）「東京婦人の通用語」『趣味』第二巻一一号、一九〇七（明治四〇）年一一月発行）

このような、当時の若い女性の話し方を、「〜てよ」「〜だわ」という特徴的な語尾から「てよだわ言葉」と呼ぶことがあった。この「てよだわ言葉」こそが、近代的な〈女性語〉や〈お嬢様ことば〉の起源であった。「てよだわ言葉」が下層社会や芸者に起源を持つかどうかは、客観的な証拠が得られないためにはなはだあやしいのであるが、その伝播の中心が学校であったことはほぼ確かなことのようである。

6 「てよだわ」世にはばかる

メディアとしての女学校

江戸時代には女に学問は必要ないと考えられていたが、明治時代には小学校への女子の入学が認められ、次第に上級の女学校も作られていった。一八八二(明治一五)年には東京女子師範学校に付属高等女学校が設置され、これが高等女学校の初めとなった。その後も、各地に続々と高等女学校が設立された。日本に、教育ある若い女性のコミュニティが生まれたわけである。そもそも高等女学校に娘を通わせることができる家庭はある程度の収入と社会的地位が必要であったわけであり、その点で女学校に娘を通わせることは、ステータスの証ともなった。そのようなステータスの頂点に、華族女学校(一八八五(明治一八)年開校)、後の女子学習院(一九一八(大正七)年開校)があったともいえる。すなわち、「お嬢様」の誕生である。また当時、政治家や実業家等の有力者が「参観」と称して女学校に赴き、息子の嫁探しをするということもあったらしい(井上章一『美人論』)。泉鏡花『婦系図』にもそのような「参観」のことが触れられている。容姿の美しい女学生は卒業を待たずして縁付いていくので、容姿に恵まれない女学生のことを「卒業面」などとも称した。

女学校では、正規の教科が教えられたことはもちろんであるが、それ以外にもさまざまな文化、風俗に関する情報が交換され、一般社会へも発信されていった。女学校から発信される文化・風俗は、知的な一面を持つ一方で、どこか非現実的で生活感に乏しく、ロマンチックで唯美的な感覚のただよう独特なものであり、それまでの日本には存在し得なかったものである。そのような文化を象徴する視覚的要素として「海老茶式部」と呼ばれる女学校生のファッションがあり(図5-1参照)、そして聴覚的要素として〈女学生ことば〉があったといえよう。本田和子氏は、『女学生の系譜―彩色される明治―』の中で、「テヨダワことば」を「無責任な語り口」の「宙に揺れることば」であり、「囲いの外にふりかざされる良妻賢母像を、さりげなく無化してしまった」と評している(一三二〜一三四頁)。

近代〈女性語〉は、やや単純化していえば、〈女学生ことば〉として広まった。識者やジャーナリストには悪評嘖々《さくさく》の「てよだわ言葉」であったが、女学校を媒介として、着実に普及していった。学校は、時として、それ自体が、強力なメディアとなる。正規の教科以外に、指導者が伝えたくないことまで学校を通じて世の中に広まってしまうことがある。〈女学生ことば〉もそのような例であった。

小説に見る「てよだわ」

女学生は小説にもたびたび登場し、出版メディアを通しても〈女学生ことば〉が日本全国に広められた。まず、一八九八(明治三一)〜一八九九(明治三二)年に「国民新聞」に連載された、『不如帰』の浪子の言葉を見てみよう。浪子は華族女子校の出身と設定されている。

図 5-1　東京府高等女学校(『風俗画報』第 193 号，明治 32 年 7 月 25 日，山本松谷 画)

「浪さん、くたびれはしないか」

「いいえ、ちっとも今日は疲れませんの、わたくしこんなに楽しいことは始めて！」

（徳富蘆花「不如帰」一八頁）

浪子はそっと武男の膝《ひざ》に手を投げて溜息《といき》つき
「いつまでもこうしていとうございますこと！」
浪子はふと思い出《い》でたるように頭を上げつ。
（同、一九頁）

「あなたいらっしゃいますの、山木に？」

「山木かい、母《おっか》さんがああおっしゃるからね——行かずばなるまい」

「ほほ、わたくしも行きたいわ」

「行きなさいとも、行こういっしょに」

「ほほほ、よしましょう」

「なぜ？」

「こわいのですもの」

（同、六九頁）


また次に挙げるのは、読売新聞で一九〇三（明治三六）年から連載が開始された『魔風恋風』の一節である。この小説は、女学生の恋愛スキャンダルを題材としたもので、当時大変な評判となった。

「好く来て下すツたわねえ、」と患者は染々云つた、「私、何様なに貴女に会ひたかツたらう……、だツて、昨日は最う、此の儘死ぬ処かと思つてよ。」

「馬鹿々々しい、義姉様《ねえさん》のやうでも無いわ、これん許しの怪我で死んで何うするの、」と笑顔を作つて、「だけど、今朝新聞を見た時はね、私、実に吃驚《びつくり》してよ……。直ぐにも駈けて来ようと思つたけれども、母様《かアさま》は、もツと暖《あつた》かに成つてからでなきや可けないつて、何うしても出して呉れ無いんですもの、本当に気が気で無かツたわ。」

（萩原初野と夏本芳江、小杉天外「魔風恋風」一七頁）

夏目漱石の小説には、少なくとも三人の女学生が登場する。『吾輩は猫である』（一九〇五（明治三八）年）の雪江、『三四郎』（一九〇八（明治四一）〜一九〇九（明治四二）年）のよし子、『それから』（一九〇九（明治四二）年）の縫である。三人とも「よくってよ、知らないわ」という当時の女学生の流行りことばを口にする。

「それぢや雪江さんなんぞは其かたの様に御化粧をすれば金田さんの倍位美しくなるでせう」

「あらいやだ。よくつてよ。知らないわ。だけど、あの方は全くつくり過ぎるのね。なんぼ御金があつたつて――」　（「吾輩は猫である」十、四四二頁）

三四郎は貸さない事にする旨《むね》を答へて、挨拶をして、立ち掛けると、よし子も、もう帰らうと云ひ出した。

「先刻《さつき》の話をしなくつちや」と兄が注意した。

「能《よ》くつてよ」と妹が拒絶した。

「能《よ》くはないよ」

「能《よ》くつてよ。知らないわ」

兄は妹の顔を見て黙つてゐる。妹は、また斯《か》う云つた。

「だつて仕方がないぢやありませんか。知りもしない人の所へ、行くか行かないかつて、聞いたつて。好きでも嫌《きらひ》でもないんだから、何《なん》にも云ひ様はありやしないわ。だから知らないわ」　（「三四郎」九の八、五三〇頁）

縫《ぬひ》という娘は、何か云うと、好《よ》くつてよ、知らないわと答へる。さうして日に何遍となくリボンを掛け易《〔か〕》へる。近頃はヴイオリンの稽古に行く。帰つて来ると、鋸《のこぎり》の目立《めた》ての様な声を出して御浚《〔おさら〕》ひをする。たゞし人が見てゐると決して遣《や》らない。室《へや》を締《し》め切《き》つて、きい〳〵云はせるのだから、親は可なり上手だと思つてゐる。代助丈が時々そつと戸を明けるので、好《よ》くつてよ、知らないわと叱《しか》られる。

（「それから」三の一、三三頁）

7　「てよだわ」なおも広まる

女学校の外へ

さらに、女学生そのものではないが、『門』（一九一〇（明治四三）年）に次のような興味深い描写がある。

「貴方《あなた》そんな所へ寐《ね》ると風邪《かぜ》引いてよ」と細君が注意した。細君の言葉は東京の様な、東京でない様な、現代の女学生に共通な一種の調子を持つてゐる。

（「門」一の一、三四八頁）

ここで「東京でない様な」と言っているのは、江戸時代から連続している、下町ことば的な様相から切れていることを指し示していると見てよいだろう。その調子が、「女学生に共通」と認識されている点が目を引く。

「御茶《ちゃ》なら沢山です」と小六《ころく》が云つた。

「厭《いや》？」と女学生流に念を押した御米《よね》は、
「ぢや御菓子は」と云つて笑ひかけた。

（『門』一の三、三五三頁）

「女学生流に念を押」すというのは、「西洋流に語尾を上げる」言い方を指すのであろう。

『門』の御米《よね》（主人公、宗助の細君）は、女学校出身かどうかはよくわからないが、成人した女性が女学生流の言葉づかいをすることもあることがこれらの例で示されている。泉鏡花の『婦系図』（一九〇九（明治四二）年）のお蔦はもと柳橋の芸者であり、また綱次、小芳など、お蔦の元同僚の芸者も登場する。彼女らの言葉は、江戸時代の面影を残す下町ことばなのであるが、「てよ」など、〈女学生ことば〉的な表現もわずかに用いられる。芸者は女学校出ではありえないので、〈女学生ことば〉がもはや、女学校という枠をはみ出て、一般的な〈女性語〉の域に近づいていることを示している。

（蔦）「肯《き》かないよ、めの字《じ》、沢山《たくさん》なんだから、」
（主税）「まあ、お前《まへ》、」
（蔦）「否《いゝえ》、沢山《たくさん》、大事《だいじ》な所帯《しよたい》だわ。」
（め）「驚きますな。」

（蔦）「私《わたし》、最《も》う障子《しょうじ》を閉めてよ。」

（泉鏡花「婦系図」三五七～三五八頁）

（綱次）「引掻《ひっか》いてよ。」と手を挙《あ》げたが、思ひ出したやうに座《ざ》を立つて、

（綱次）「何《ど》うしたんだらうねえ、電話は、」と呟《つぶや》いて出ようとする。（同、四六二頁）

（小芳）「まあ、よく入《い》らしつてねえ。」

と主税《ちから》の方へ挨拶《あいさつ》して、微笑《ほゝゑ》みながら、濃い茶に鶴《つる》の羽小紋《はこもん》の紋着二枚袷《もんつきにまいあはせ》、藍気《あゐけ》鼠《ねずみ》の半襟《はんえり》、白茶地《しらちやぢ》に翁格子《おきながうし》の博多《はかた》の丸帯《まるおび》、古代模様空色縮緬《こだいもやうそらいろちりめん》の長襦袢《ながじゆばん》、慎《つゝ》ましやかに、酒井《さかゐ》に引添《ひつそ》うた風采《とりなし》は、左支《さしつか》へなく頭《つむり》が下《さが》るが、分《わ》けて其《そ》の夜《よ》の首尾《しゆび》であるから、主税《ちから》は丁寧に手を下げて、

（主税）「御機嫌宜《ごきげんよ》う、」と会釈《ゑしやく》をする。（同、四六三頁）

全国への拡散

さて、〈女学生ことば〉は本来、東京から発生したものであったが、「女学校」というメディアを通して、全国に拡散していった。川村邦光氏の『オトメの祈り』では、一九一六（大正五）年一〇月号『女学世界』の投稿欄「誌友倶楽部」の投書が紹介されているが、そこではさまざまな地域にわたる女学校生、卒業生たちが共通の〈女学生ことば〉を用いることにより、「これまでどこにもない世界、すなわちオトメの世界を生み出している」（同書、四八頁）。同書から引用しておこう。

青桐の葉がホロ〳〵さびしう散ります。アレアレ〳〵、また虫の声が、どこかで、かすかに、歌うローレライの音と共に、私のみだれたハートを、そゝる様にひゞいてまいります。アゝなんとセンチメンタ（マヽ）でしょう。かゝる夕……かゝる夜半、御なつかしい皆様方にはいかゞ御暮しなさいますの――。

（三河、銀の月、「誌友倶楽部」四三頁）

悲しい時雨月が音《おと》ずれました。同じ心のＳ様、インプレッション深き寮に過ごした頃を思い出しましょうよね。淋しい鐘の音と共に静に〳〵暮れて行った秋の一日一夜を。美しい電灯から抜け出て、一人寮の欄によって忍び泣きした宵!!　その時私によりそうて、甘い〳〵囁きを悲しいハートにそゝいで下さいました君、エゝそれは同じ心のＳ様でした。月細い今宵も私はあの頃を……そして星の様なＳさんを恋うて泣いてますの――。

（信濃路、柏葉のＭ子、同、四五頁）

御なつかしき皆様!!　ローマンスなシーズンとなりましたね。多感な青柳はどんなに秋が待たれた事で御座いましょう。煙の都ながら、夕べとなれば、この頃は涙を誘う虫の音も致します。今日は九月の二日、あゝ、もう幾つしたら、お正月になるのでしょう……私は今指折って数えてみました。永久に乙女でいとう御座んすけども、そういつまでも少女でお正月を迎える事も出来ませんわね――。今の詩の様な日

が華かな私の姿と共に変わらないでいてほしい!!　（大阪市、あをやぎ、同、四七頁）

ここで、〈女学生ことば〉は全国の『女学世界』誌友の「仮面《ペルソナ》」となっているわけである。本来、さまざまに異なった言葉を持っている全国の少女、元少女たちが、〈女学生ことば〉を身にまとって、仮想のコミュニティを形成しているのだ。

この、「誌友倶楽部」によく似た例として、さらに「漾子《ナミコ》リリック・レター」シリーズを挙げておこう。これは一九三五（昭和一〇）年頃ベニバラ社から発売されていた少女向けのイラスト入りレター・セットなのであるが、セットの中に詩のページや読者投稿欄を設けて、レター・セットの愛用者の声を届けていたのである（唐沢俊一『カラサワ堂変書目録』八二〜八七頁より引用）。

先生始めまして／寶みどりですの｜／どうぞよろしく／初投稿ですの｜／でも之からどし々々お便り致しますわ｜／（中略）／お友達へのお便りたいてい先生のよ｜／だって上品でやさしいんですもの｜／先生もそんな方ぢゃないかしら｜／このレターの中に先生のお姿が入ってるやうに思えて仕方がないの｜／（中略）／私女学校三年ですの｜／どうぞよろちくネ／では又さよなら

（東京　寶みどり、「漾子リリック・レター」八三〜八六頁）

漾子先生初めてのお便りで御座います／グループの皆様どうぞよろしく御願ひ致します、本当に漾子先生の御絵なんて々々可愛いのでせう／仲よしの便箋で戦地の兵隊さんに慰問のお手紙差上げましたの／きっと々々およろこび下さる事と私迄がうれしくなってしまひました／先生これからもこんなのをぜひぜひお願ひ致しますバイ々々

（仙台　とし子、同、八六頁）

「漾子《ナミコ》リリック・レター」シリーズの〈女学生ことば〉のお手本として、当時の少女小説を挙げることができよう。代表的なものとして、吉屋信子「桜貝」（一九三一（昭和六）年『少女画報』に連載）を挙げておこう。「東京からほど近い××市の第一県立高等女学校」の女学生たちの会話である。


「江島《えじま》さん、先生のおデイヤでせう、いつも絵の天才だつておほめになるんですもの――何《な》んでせう、今日も皆私達《みなわたしたち》を追ひ出して江島さん一人《ひとり》お残りなさいつて、ずゐぶんねえ」

「ほんたうよ、いつたい何《な》んの御用《ごよう》でせう？」

「きつと、お二人《ふたり》だけで仲よくストーブを占領なさるおつもりよ」

「まさか、――でも私《わたし》とても気がもめるわ、あとでそつと窓から覘《のぞ》いて見ませうか」

「まあ、そんな醜体《しゅうたい》お止《よ》し遊《あそ》ばせよ！」

「でも、関戸《せきど》先生は生徒に騒がれる割《わり》に冷静で公平無私ね」

「さうよ、私《わたし》もう三度も綺麗《きれい》なお花を献《さゝ》げて居《ゐ》るのに、ちつとも特別《スペシャル》に扱かつて下さらないいんですもの――」

（吉屋信子「桜貝」二六頁）

8　「てよだわ」の衰微

戦後の〈女性語〉の変化

一九四五（昭和二〇）年、日本が敗戦し、それ以後社会の構造が急速に変化していった。一九四五年のうちに大学の男女共学制が決定され、教育制度において基本的に男女の垣根が取り払われた。男女別学の学校は今日にいたるまで残存しているが、女学校という分類はなくなった。また華族制度が廃止され、学習院も制度的には普通の学校となんら変わるところがなくなった。「お嬢様」の共同幻想を支える制度が崩壊してしまったのである。むろん、古い由緒ある家柄や資産家に生まれ、お手伝いさんにお世話されるような令嬢は今の世の中にも残っているが、そのような生まれ育ちの人々を他の人々から区別する社会制度が存在しない。もはや、「お嬢様」は人々の観念の中にしか存在し得ないのである。このことと、〈お嬢様ことば〉とはどのように関係するであろうか。

戦前の〈女学生ことば〉は、かなり一般化して〈女性語〉化しつつあったことについては既に述べた。実際、「〜の」「〜(だ)わ」等は現在でも女性専用表現として日常的に耳にすることができる。しかし、「〜てよ」「〜こと」など一部の表現はほとんど聞かれなくなった。その結果、「〜てよ」「〜こと」などは観念的・戯画的な〈お嬢様ことば〉に吸収されていくのである。その様子を、「〜てよ」に焦点を当てて観察してみよう。

CD-ROM版「新潮文庫の100冊」で「〜てよ」を検索してみると、戦後の小説作品からは「〜てよ」が急速に用いられなくなっていることがわかる。「〜てよ」が用いられていたのは、次の四作品である。

• 太宰治「人間失格」一九四八(昭和二三)年

(自分の画の運筆は、非常におそいほうでした)いまはただ、酒代がほしいばかりに画いて、そうして、シヅ子が社から帰るとそれと交代にぷいと外へ出て、高円寺の駅近くの屋台やスタンド・バアで安くて強い酒を飲み、少し陽気になってアパートへ帰り、「見れば見るほど、へんな顔をしているねえ、お前は。ノンキ和尚の顔は、実は、お前の寝顔からヒントを得たのだ」

「あなたの寝顔だって、ずいぶんお老けになりましてよ。四十男みたい」

(一七三頁)

●福永武彦「草の花」一九五四(昭和二九)年

——そりゃあたしだって、際物を書く人よりは偉いと思ってよ。けれどね、生活があるから作品があるのでしょう?

——それはそうさ。（三一四頁）

●吉行淳之介「砂の上の植物群」一九六四(昭和三九)年

「暑くなんかないわ、暖かくもなくってよ」（一八八頁）

●井上ひさし「ブンとフン」一九七〇(昭和四五)年

そのインテリおばさんが、笑いかけただけでなく、図書館を出ようとするフン先生に向かって、こういったのである。

「フン先生、いつも先生のご本を図書館に寄付してくださってありがとうぞんじます。このあいだいただいた『ブン』という小説、あれはとてもけっこうでございました。あたくし、徹夜で読ましていただきましてよ。あたくしだけではございません。図書館利用者の間でもひっぱりだこ。いつも貸出し中なんでございます。もう一冊、買い入れようと思いましたら、本屋さんでも売切れなんですって。先生、『ブン』は傑作でござんすわ」（四四頁）

ここで注意しておきたいのは、最初の「人間失格」では女性のふざけた発話の中で用いられていることと、最後の「ブンとフン」はユーモア小説であり、この部分も発話者の図書館のインテリおばさんがずいぶん戯画化されて描かれている点である。結局、まともな描写として「〜てよ」が出てくるのは、「草の花」「砂の上の植物群」だけであった。

すでに、女性専用表現が全体として衰微していることについては、研究者の指摘がある（渋谷倫子氏など）。教育権、参政権、労働条件等で男女間の格差が次第に小さくなり、男女共同参画社会が理想として求められている現在、その趨勢は当然のこととして受け入れられる。しかし、〈女性語〉の中で、特に「〜てよ」が早々と衰えたことには、理由がないだろうか。ここで、「〜てよ」の文法について整理しておく。

「〜てよ」の文法

形の上で「〜てよ」をとる表現も、実は四種類に分類できる。

1　事柄を聞き手に伝えて気づかせる表現。

「よろしく(っ)てよ」「先生、いらっしゃってよ」「ここにありましてよ」等。まれに、「よ」の変わりに「ね」が用いられることもある。また、質問する場合は「よ」が落ちて「て」で終わる。「私が参りますわよ。よくって？」等。音調は、伝える場合も質問する場合も文末が上昇する。

2　軽い命令の「〜て」に「よ」が付く形。「早くしてよ」「もう帰ってよ」等。音調は、「よ」で下降する。「よ」を「ね」に変えると、柔らかい確認調になる。女性的表現。

3　引用の「って」に「よ」を添えて、第三者の発話を伝達する。「お父さん、今日早く帰るってよ」(＝早く帰ると言っていたよ)。上昇調で言うと女性的。「よ」の冒頭で少し上げて、延ばし気味にして末尾を下げると、男性的。

4　文中で、接続助詞「て」のあとに間投助詞「よ」を添え、前提的な事柄を述べる。「今日は海が時化ててよ、とてもじゃないが、漁にゃあ出られないよ」。「よ」で上げて、延ばし気味にしながら下げる音調になる。男性的で、荒っぽい表現に聞こえる。

問題の「〜てよ」は、もちろん1の表現である。この「〜てよ」は、相手に何らかの事実や考えを伝える表現であるが、時制の区別がない。すなわち、過去のことでも、現在のことでも、「〜てよ」で間に合う。

a　昨日は、とても楽しくってよ。(＝楽しかった)

b　私、今、とても楽しくってよ。(＝楽しい)

すなわち、本来区別すべき文法事項が区別されない、曖昧模糊《あいまいもこ》とした表現なのである。その、事柄をはっきりさせないところが、「強い断定を避ける」という女性のステレオタイプによくなじむと捉えられていたかもしれない。しかし曖昧な表現であるということは、コミュニケーション上非効率的であるということでもある。また、他の「〜てよ」は、本来「〜て」だけでも済む表現に助詞「よ」が添加された表現であり、最小限の文法知識で運用可能であるが、1の「〜てよ」は時制が曖昧になるなど「〜てよ」独特の文法規則を知らないといけないという点でも特殊である。このように、1の「〜てよ」は意味的に曖昧性を持っている上に余分な文法を必要とするという、極めて非効率的な表現なのであった。「てよだわ」の一方の表現、「〜(だ)わ」は、述語に「わ」を付加するだけの文法で運用できるし、また「すてきよ」「昨日、買ったの」等の表現は、「だ」を落とすだけであるので、文法的に単純であり、それ故に「〜てよ」よりは生きながらえることができたのだろう。

少女と〈お嬢様ことば〉

さて、このように〈標準語〉の〈女性語〉から退いた「〜てよ」は、役割語度を増して、〈お嬢様ことば〉に組み込まれることとなった。先に取り上げた「エースをねらえ!」のお蝶夫人のように、一九七〇年代から、少女漫画や少女小説には「お嬢様」の表現として〈お嬢様ことば〉が繰り返し現れるようになる。

「礼儀知らずでけっこうだわ／異性としての男性なんて興味なくてよ」（一条ゆかり「有閑倶楽部①」九頁）

「お金なら銀行でおろすわよ／パパがくさるほど送金してくれててよ」（鈴木由美子「新・白鳥麗子でございます！①」一六九頁）

「悩み事なら聞いて差し上げてよ…？／あたくし達は皆貴女《あなた》のお味方ですもの／さあ！　元気を出して笑ってちょうだい」

主役《しゆやく》は白鹿野梨子《はくしかのりこ》さん
ごぞんじでしょう
ほんとうに美しくて
びっくりしてよ

「有閑倶楽部①」62 頁

バカにしないでくださる。

「新・白鳥麗子でございます①」
169 頁

「笑う大天使①」43 頁

（川原泉「笑う大天使《ミカエル》①」四三頁）

「あたくしの名前は綾小路麗花。／鹿鳴館の時代から続く高級食品店として有名なスーパー小路屋の社長令嬢よ。／ふふっ。／なにか、文句があって？／……そう。／なければよろしいのよ。／ホホホホホホホ。」

（森奈津子「お嬢様の逆襲！」八頁）

少女の物語に「お嬢様」が繰り返し現れるのは、「お嬢様」という貴種を少女たちが好むからに他ならないが、同時にこれらの作品は、現代社会にあって「お嬢様」という存在が非現実的な幻想でしかないことをもよく物語っている。「エースをねらえ！」では、お蝶夫人は普通の少女であるヒロイン・岡ひろみの前に立ちはだかる〈影〉、そして時には偉大な〈助言者〉の象徴なのであり、けっして読者はお蝶夫人に自己同一化することはしない。またそれ以降の多くの作品では、たとえ「お嬢様」と呼ばれていても、本人は一皮剝けば普通の少女という設定であり、要するに「仮面《ペルソナ》」としての「お嬢様」を身にまとっているだけの、あるいは「お嬢様ごっこ」をしているだけのことなのであった。

一方、物語の舞台を現代の日本から切り離せば、〈お嬢様ことば〉は生き生きと動き出す。たとえば、革命前夜のフランス女王、帝国軍に追いつめられる反乱軍のお姫様、などである。

「じつはこんど……／いままでの朝の引見と一般の謁見をとりやめようと思うのですが／ド・ゲメネ公爵／どうお思いになって｜？」

（マリー・アントワネット、池田理代子「ベルサイユのばら①」二九四頁。初出は一九七六年）

「ああ、かわいそうに。チューバッカ、彼を修理できて｜？」

（レイア・オーガナ姫、「スター・ウォーズ／帝国の逆襲」）

「ベルサイユのばら①」294頁

役割語としての〈男性語〉〈女性語〉

「〜てよ」「〜こと」等の、特徴的な女性専用表現は〈標準語〉の位置から滑り落ち、役割語度の強い表現となってしまった。他の女性専用表現も、若い人々を中心に、次第に用いられなくなってきたと言われる。一方で、「〜(ん)だ」のような男性専用表現を女性が用いることもさほど珍しくなくなってきた。また、中学生や高校生の女子が「ぼく」「おれ」などの人称代名詞を使用する事例もしばしば報告される。全体として、明治時代に発生した「てよだわ」に象徴される、近代的〈女性語〉は衰微の途にあるといえる。

社会における男女の役割が変化し、その差が縮まってきたとすれば、言葉の差異も縮まってきて当然ともいえる。その現象を、一概に「よい」とか「悪い」とか評価することはできない。言葉の男女差がなぜ生じ、どのように機能してきたか、という点に関する検証が充分なされていないからである。そもそも、方言においては男女の話しことばの違いが極めて小さいことが通例なのである。

一方で、幼少期に刷り込まれるステレオタイプは、一生消えることがないという仮説を第二章で紹介した。この仮説が正しければ、役割語としての〈男性語〉〈女性語〉は、すぐに忘れ去られることはないであろう。社会に〈男性語〉〈女性語〉の知識が共有されている以上、作家たちはその知識に安易に寄りかかりがちになる。その結果、さらに人々の役割語の知識が強化され、子供たちへの新たな刷り込みが重ねられていくからである。

また、個々の話し手も、仮面《ペルソナ》の一部として〈男性語〉〈女性語〉を用いることがある。いわゆる「おかま」とか「ニューハーフ」とか呼ばれる人たちが、ことさらに女性専用表現を多用することがあるのも、仮面《ペルソナ》としての役割語を駆使している一例といえよう。

こうして、私たちの役割語の知識は、現実のありさま以上に、私たちに言葉の男女差を増幅させて見せているといえる。

第六章　異人たちへのまなざし

1　〈アルヨことば〉

鳥山明の漫画「Dr.スランプ」(一九八〇(昭和五五)～一九八四(昭和五九)年『少年ジャンプ』に連載)に、「摘《つん》さん一家」という家族が登場する(一九八二年二〇号)。中国の奥地から、月をめざして宇宙船で飛び立ったが、途中でアラレちゃんに撃ち落とされて、ペンギン村に住み着くことになったのである。この家族は、全員、奇妙な日本語をしゃべっている。

父・鶴天《つるてん》「こ/こんちは/わたちたち/こんどひっこちてきた摘《つん》一家ある/よろちくね」

娘・鶴燐《つるりん》「ひっこしソバあるね」

(鳥山明「Dr.スランプ⑤」一七三頁)

このような、中国人風のなまった日本語の表現は、以前からしばしば漫画に見られた。手塚治虫「三つ目がとおる」(「暗黒街のプリンス」初出は一九七六(昭和五一)年『週刊少年マガジン』)および、前谷惟光「ロボット三等兵」(一九五八(昭和三三)～一九六二(昭和三七)年

「Dr. スランプ⑤」173 頁

『少年クラブ』講談社に連載）から例を引いておこう。

「そこの女ここへこい／プリンスの相手をするよろしい／おまえプリンスのお目にとまったあるぞ」（手塚治虫「三つ目がとおる⑩」一四九頁）

「隊長たいへんあるよ／日本軍がきたある」（前谷惟光「ロボット三等兵」二〇三頁）

筒井康隆、横田順彌の小説にも同様の言葉づかいの例がある。

これらの特殊ななまりを持つ日本語を、〈アルヨことば〉と名付けておこう。〈アルヨことば〉の特徴を列挙すると、次のようになる。

1　文末述語に直接「ある」または「ある

「三つ目がとおる⑩」149頁

よ」(断定)、「あるか」(質問)が付く。まれに「あるな」などもある。ヴァリエーションとして、「あります」が付くこともある。

2　文末述語動詞に「よろし(い)」を付けて、命令・依頼を表す。

3　助詞「を」(ときに「が」も)がしばしば省略される(例「酒φのむあるか」)。

1、2のような文法は、本来の日本語にはないもので、一種の「ピジン」(pidgin)と呼ばれる言語の特徴を示している。ピジンとは、貿易港、居留地、プランテーションなどに集まった異なる言語の話者が、コミュニケーションの必要から作り出した混成的な言語のことで、リンガ・フランカ(lingua franca)というのも似た概念である。ピジンの特徴として、もとの言語の文法が変形され、崩壊し、また単純化されることが挙げられるが、〈アルヨ

「ロボット三等兵」203頁

ことば〉の場合は、日本語の豊かな述語の活用や助動詞群を極端に単純化し、「ある(よ・か)」の付加で代用しているのである。

なお、漫画等における〈アルヨことば〉の話者は、見た目にも、また性格的にも、一定の特徴を与えられていることが多い。

外見的特徴

- ひげを生やしている。ドジョウひげが多い。
- 中国帽、中国服を身に着けている。
- 弁髪にしている。
- 極端に太っている場合もある。

性格的特徴

- 違法な商売を生業にするなど、怪しげな雰囲気を持っている。
- 計算高い。ケチである。
- どこか、間が抜けている。
- 気が小さい。臆病である。

外見的特徴は、戦前の中国の古い風俗を反映したものであろう。太った中国人がよく描かれるのは、中国では肥満が富の証であったために、裕福な中国人はしばしば肥満体であったということが原因として考えられる。

一方、性格的特徴として挙げられる点は、どれを見ても、とても尊敬できる性格とはいえない（ただし、新しい作品になるほど、中国人＝カンフーの使い手などのステレオタイプも混じってくるので、右に挙げた特徴は必ずしもはっきりしなくなってくる）。これは、日本人がかつて持っていた中国人に対する偏見が反映しているようである。偏見とは、すでに見たように、ステレオタイプの感情的な現れであった。この偏見が〈アルヨことば〉という不完全で崩れた日本語と組み合わされることで、奇妙な中国人像が作り出されているのである。

ここで、次のような疑問がわいてくる。

謎13　中国人は、ほんとうに〈アルヨことば〉を話したのであろうか。一体、〈アルヨことば〉の起源はどこにあるのであろうか。

謎14　〈アルヨことば〉はどのような過程を経て、奇妙な中国人像と結びついていったのであろうか。

この疑問に答える前に、日本人ではない人々（あるいはもの）の日本語について考えてみたい。

2　異人の分類

今まで検討を加えてきた役割語は、老人、男性、女性等、一応現在の日本の社会に含まれる人物像の枠内に収まる範囲のものであった。ここでは、最初から現代の日本人ではない存在として位置づけられるものたちをひっくるめて「異人」と呼び、異人にどのような役割語が与えられるかという点について検討したい。先に見た、〈アルヨことば〉もまた異人の言葉に他ならないのである。ここで、異人のヴァリエーションを列挙してみよう。

外国人　西洋人(白人)、黒人、中国人等
過去の時代の人　武士、公家等
人でないもの　神、幽霊、妖精、宇宙人、ロボット等

なお、「西洋の中世の武士」や「インディアン」のように外国人でかつ過去の人、というのもある。さて、これらの異人たちの言葉は、どのように表現されてきたか。たとえば「武士」ならば、〈武家ことば〉という、歴史的に根拠のある言葉づかいが日本語として準備されているわけであるが、その他は、たいていどれも、日本語を話すのを聞いたことがないか、本来日本語を話さない人たちである。そこで用いられる方法は、大き

く分けて二つある。一つは「言語の投影」、もう一つは「ピジンの適用」である。

3　言語の投影

さまざまな投影

まず、「言語の投影」について説明する。たとえば「西洋の中世の武士」であれば、〈武家ことば〉が投影されることが多いであろう。次の例は、一四世紀フランスの領主オリヴァー卿の発話である。

「しかし――まあよい、ここでこじれては元も子もない。わしとしては、あらんかぎりの礼節と敬意をもって、賢者どのの助言をもとめるのみじゃ。そなたは賢い。また、わしはそなたの叡智《えいち》をおおいに必要としておる――と、こやつらはぬかしおる」

（マイケル・クライトン／酒井昭伸（訳）「タイムライン」三五二頁）

また、平安時代の公家は、本当なら「源氏物語」に見られるような古典語で「今日は雨なり」のように話すはずであるが、小説や漫画では、多くの場合、「今日は雨でおじゃる」のような話し方をさせられる。「おじゃる」というのは、室町時代末から江戸時代初期にかけて(つまり一六〇〇年頃)、京都で庶民の間で用いられていた言葉であり、それが公家の言葉に投影されているのである。このような役割語としての、公家の〈おじゃることば〉の起源はまだよくわからないが、おそらく歌舞伎の影響により生まれたものであろう。

幽霊や神様が、〈老人語〉を話したり、文語を用いたりするのも、「言語の投影」の一種と見られる。

黒人と〈田舎ことば〉

何よりも「言語の投影」の例としてすぐに思い当たるのは、アメリカの奴隷解放以前の黒人奴隷の言葉であろう。黒人が出てくると、多くの場合、東北系の〈田舎ことば〉が充てられるのである。そのような設定を、いつ、誰が始めたかは明らかでないが、たとえば『少年倶楽部』に一九二九(昭和四)年に掲載された三浦楽堂「黒い偉人」には次のような例が見られる。ここでは、黒人たちが〈田舎ことば〉を話す中で、村でただ一人小学校を出たブーカー(これも黒人)だけが、〈標準語〉を話している。

「やア帰りなさったか、つかれているところをすまねえが早速きいてもらいますべえ。けさから家《うち》の牛の乳が急にでなくなっただがどういうもんでしょうかなア？」

「おいおいでしゃばるな。おらが先にきたでねえか。わしのを一つきいてくだせえ。家《うち》の娘の病気がチトあやしいでまじないを一つたのまれてもらいたいでな」

「おらのはそんなケチなのでねえ。事件が大きいだ。おめえさんも気がついているべえが一昨日《おとつい》あたりから西の空が剛気《ごうぎ》に赤いで心配でなんねえ。あれはいったいなんのしらせだんべえ？」

三浦楽堂(作)／嶺田弘(画)「黒い偉人」挿絵

頭のはげたおじいさんや分別ざかりの小父《おじ》さんたちが、まじめな顔でこんなことをたのみにきたりききにきたりするんです。

「そんなことはぼくにはわからないよ。牛のことなら獣医と相談したまえ。病人は医者のところへ連れていくさ。天体の問題は専門の学者があるじゃないか。ぼくは小学校の卒業生だ。そんなことはわからないよ」


(三浦楽堂「黒い偉人」四四五頁)

この設定から、二つのことが気づかれる。一つは、〈標準語〉を、教育ある人物の言葉とし、〈田舎ことば〉をそうでない人の言葉としている点である。もう一つは、我々はこの物語を読んだとき、まずブーカーに自己同一化する、ということである。すなわちここでも、〈標準語〉はヒーローの言葉であり、読者の自己同一化の目安として働いている。そして他の黒人たちは、〈田舎ことば〉によって、脇役や背景的な人物に追いやられているのである。

物語に白人が登場する場合、白人には〈標準語〉が割り当てられるのが普通である。次に示すのは、大久保康雄訳の『風と共に去りぬ』から黒人の侍女ディルシーとスカーレット・オハラの対話である。

「ありがとうディルシー。母さんが帰ったら、相談してみるわ」
「ありがとうごぜえます、お嬢さま、では、お休みなせえまし」

（マーガレット・ミッチェル／大久保康雄(訳)「風と共に去りぬ」八〇頁）

ここでも、次のような図式が成り立っている。

白人　教育あるもの・支配するもの・読者の自己同一化の対象＝〈標準語〉
黒人　教育のないもの・支配されるもの・読者の自己同一化から除外されるもの＝〈田舎ことば〉

むろん、描写を重ね、人物像を書き込めば、〈田舎ことば〉であっても自己同一化の対象となることはできる。しかし、読者が最初に読んだときの反応は決して変えることはできないであろう。このような言葉の投影は、日本人の〈田舎ことば〉に対するまなざしと、黒人に対するまなざしが重なり合うことによって成立しているのである。

4　〈アルヨことば〉の原型と展開

ピジンの適用

次に「ピジンの適用」について述べる。ピジン化した日本語としては〈アルヨことば〉がその典型であるが、他にも、極端に単純化された日本語、文法的・音声的に崩れた日本語が役割語として登場する場合は多く、それらの話者は、何らかの意味で異人としての性格を与えられているといえる。たとえば「白人、ウソつき。インディアン、ウソつかない」のような「アメリカ・インディアン」(ネイティブ・アメリカン)の言葉もピジンといってよいであろう。インディアンは日本語を話すことはないわけであるから、これはアメリカの西部劇に現れたインディアンが話すせりふ（ピジン化された英語）を、誰かが日本語に翻訳したものが、いつしか定着したものであろう。この〈インディアンことば〉も、助詞を省略したり、述語の活用を単純化したりするなど、ピジン的な特徴を備えている。

また、近年の子供向けアニメーションに多く見られるタイプとして、一定の語尾を発話の終わりに付加するものがある。たとえば、ゲームソフト「ファイナルファンタジーⅨ」（二〇〇〇（平成一二）年発売、スクウェアソフト）に登場するモーグリという妖精は、「何かご用クポ？」のように、「クポ」という語尾を文末に付ける。このような、特定のキャラクターに与えられた語尾を、「キャラ語尾」と呼ぼう。藤子・F・不二雄「キテレツ大百科」（一九七四（昭和四九）〜一九七七（昭和五二）年『こどもの光』連載）に登場する、侍ロボットのコロ助が用いる「拙者が行くナリ」というような発話も、キャラ語尾の一種と見られる。キャラ語尾は、宇宙人、妖精、ロボット等、人間ならざる存在を容易に特徴づけることができるので、児童漫画に活用されるのである。

キャラ語尾は、現実の世界には存在しないピジンを人工的に作り出したものであるが、その仕組みをよく見ると、〈アルヨことば〉とよく似ている。すなわち、キャラ語尾を「ある」に取り替えれば、ほとんど〈アルヨことば〉なのである。ここで、〈アルヨことば〉がどのような歴史的経緯を経て誕生したのか、また奇妙な中国人像とどのように結びついていったのか、検証してみよう。

Yokohama Dialect

一八七九(明治一二)年、Bishop of Homoco という人物を著者とする *Exercises in the Yokohama Dialect*(横浜方言の練習)という本が横浜で出版された(second edition, Japan Gazette Office, Yokohama. 屋名池誠氏のご教示による)。「方言」というが、実は当時の居留地で話されていたらしい、ピジンを写し取って語学書のような体裁を整えたものである(Ollendorff system を使ったと前書きに書いてあるが、Ollendorff system というのは、当時、ヨーロッパで出版された多くの語学書で採用されていた、対訳形式の語学書の様式である。Nina Yoshida 氏の調査による)。著者の Bishop of Homoco(本牧の司教)というのは偽名で、カイザー(一九九八)によれば、Hoffman Atkinson という人物である。また、現在第二版しか見つかっていないが、第一版が本当にあったかどうかも不明である。第二版にはもっともらしく新聞記事の書評の引用が掲げられているが、ほとんどでたらめである。そもそも、後の引用を見ればわかるように、「横浜方言」の表記そのものが、英語の綴りを流用した、大変嘘臭いものなのである。すなわち、全体としてジョークを目的とした出版という色合いが濃い。

REVISED AND ENLARGED EDITION

OF

EXERCISES

IN THE

YOKOHAMA DIALECT.

TWENTY SECOND THOUSANDTH.

REVISED AND CORRECTED AT THE SPECIAL REQUEST OF THE AUTHOR

BY THE

BISHOP OF HOMOCO.

YOKOHAMA, 1879.

PRINTED AT THE "JAPAN GAZETTE" OFFICE,
No. 70, MAIN STREET.

FIRST LESSON.

The, a, an, some	No equivalent exists for the articles, etc., in Yokohama Japanese
I	Watarkshee, also Watarkoosh' *(this latter is only used by owners of coal mines and millionaires)*
You	Oh my
He	Acheera sto

NOTE.—There is no distinction in the dialect between Singular and Plural.

Mine or ours	Watarkshee or Watarkoosh' domo
Yours	Oh my
His or theirs	Acheera sto

The foregoing comprise about all the pronouns used, and the student need not bother about genders.

Hat	Caberra mono
His hat	Acheera sto caberra mono
Stove pipe hat	Nang eye chapeau
Penny	Tempo
Your penny	Oh my tempo
Horse	Mar
My horse	Watarkshee mar
Firewood	Mar key
Boat	Boto
Our boat	Watarkshee boto
Tea	Oh char
Your tea	Oh my oh'char

The examples illustrate the ease with which the possessive case is made. The other cases can be worked up as required by the same rules.

Bishop of Homoco (1879) *Exercises in the Yokohoma Dialect* (Kaiser, Stefan (1995) *The Western Rediscovery of the Japanese Language*, vol. 5 より)

（現代文庫版注）本書の初版が出版された後、筆者による著作『コレモ日本語アルカ？――異人のことばが生まれるとき』（岩波書店、二〇一四）が出版され、*Yokohama Dialect* の書誌についても新たな知見が加えられた。岩波現代文庫からも刊行予定であるので参照されたい。

しかし、そこに書かれている「横浜方言」の会話の文型を見ると、まさしく今日の〈アルヨことば〉の原型なのである。いくつか例を挙げておこう。訳文と片仮名による読みは、引用者が仮に付したものである。

- Is He ill?（彼は具合が悪いのですか？）
  Am buy worry arimas?（アンバイ　悪イ　アリマス？）　（二一〇頁）
- What time is it?（何時ですか？）
  Nanny tokey arimas?（何時《ナニトキ》　アリマス？）
- It is nine（九時です）
  Cocoanuts arimas（ココノツ　アリマス）　（二一一頁）
- No, you had better send it up to the Grand Hotel（いいえ、グランドホテルに送った方がいいですよ）
  Knee jew ban Hotel maro maro your-a-shee（二十番ホテル　マロマロ　ヨロシイ）　（二一九頁）

さて、この *Exercises in the Yokohama Dialect* の巻末には、Nankinized-Nippon（南京なまり日本語）という章が付されている。第二版の前書きによれば、この章は、香港司法長官の Ng Choy 氏の要望によって付されたものだという。中国人コミュニティの中で用いられていた、ピジン日本語の一ヴァリエーションと見てよいであろう。またいくつか例を挙げておく。

- Twice two are four.（2掛ける2は4）
  Fu'tarchi fu'tarchi yohtchi aloo.（フタチ、フタチ、ヨッチアル）
- I should like to borrow 500 Yen from you if you have them.（もしお持ちなら、五百円貸していただきたい）
  Anatta go-hakku lio aloo nallaba watark-koo lack'shee high shacko dekkeloo alloo ka.（アナタ　ゴハクリョー　アルナラバ　ワタクラシ（＝私）　ハイシャク　デキル　アルカ）

（三二頁）

なお、森銑三氏著『明治東京逸聞史』には、次のような記載がある。一八八一（明治一四）年の記事である（岡島昭浩氏のご教示による）。

外国人の日本語〈同上〉

「新橋芸妓評判記」には、「外国人」も仲間入りして、「この児たいさん別嬪《べっぴん》あります。踊、三味線、皆々よろしい。わたし、いつでも弗《ドル》進上あります」などと、片言の日本語をしゃべっている。（森銑三「外国人の日本語」八九頁）

この例を見ると、しゃべっているのはアメリカ人らしく、〈アルヨことば〉的なピジンの使用は中国人に限ったものではなかったことがわかる（ただし、耳で聞けば当然、欧米人と中国人とではイントネーションに違いが感じられるはずであるが）。なお「たいさん」は、当時のピジンにしばしばあらわれる、「たくさん」「非常に」を表す語である。

アリマス系とアル系

Yokohama Dialect と Nankinized-Japanese を比べてみてわかるように、前者では語尾に主に「アリマス」が用いられているのに対し、後者では「アル」が用いられている。仮に前者を、アリマス系ピジン、後者をアル系ピジンと呼ぶことにすると、後の中国人の描写には、両方現れてくる。本章冒頭に引いた漫画の例はいずれもアル系であった。次に示すのは、一九二二（大正一一）年ごろ発売されたＳＰレコード「邯鄲《かんたん》」（宝塚少女歌劇団）の翻字資料である。ここでは、アリマス系の表現が用いられている。また、「飲む宜《よろ》し」という表現も見られる。

【一】プロローグ「此《この》歌劇昔し〳〵大昔し、お話しあります、所、支那、邯鄲《かんたん》、名《めい》芦生《ろしやう》、青年あります、此人出世したいあります、虚栄心あります、百姓嫌ひあります　**独唱**「人の世の短かしや我青雲の志燃ゆるともよ白熱の、炎となりてたゞらかす、芦生の血汐《ちしお》若くして、浪渦《らうくわ》たちて打《うつ》胸や、誰《た》か定めけん田夫《でんぷ》の子、誰《た》か定めけん鋤《すき》とる?（不詳）　**プ**「青年芦生たゝ出世したいあります、腰の鎌の手の鋤もう厭《いや》あります、其所《そこ》に仙人あります、薬の酒、貴方《あなた》飲む宜し、枕貸します、おやすみなさい、芦生さん酒酔ふ事太《たい》さん有ります、ついうと〳〵

（「邯鄲」六七頁）

また、時代は下るが、司馬遼太郎氏の一九七〇（昭和四五）年のエッセイ「話のくずかご　武士と言葉」（『オール讀物』昭和四五年九月号）には、次のような一節がある。これもアリマス系のピジンである。

「左様でござる」

と、歌舞伎などで武士がいう。江戸落語で武士を演出する場合も、四角ばって、

たとえば「岸柳島」で武芸自慢の侍が、

「尊公も両刀をたばさんでおられるなら、むざと手をつかねて拙者に斬られもいたすまい。さ、真剣の勝負をさっしゃい」(円生全集)と、同舟の武家のご隠居にからんでくる。拙者左様、尊公シカラバという言いかたが、江戸時代の武士の標準語というものであろう。ところがすべての武士がこんな言葉を使っていたのではなく、たとえば、

「ソレ、ポコペンアリマス」

と、こう喋《しゃべ》ると、概念的中国人が現われ出るように、芸の世界で武士を演出しようとすれば、前掲のような言葉をつかわせると、アアいまのは侍だな、ということがたれにでもよくわかる。といって個々のナマの武士がこういう、まるで社説のような文章言葉を日常使っていたわけではなさそうであり、かといって架空の言葉でもない。この間《かん》のあやち(区別)がややこしい。

(司馬遼太郎「話のくずかご　武士と言葉」一二二頁)

中国人へのまなざし

すでに見たように、明治一〇年代に文献に現れたアル系およびアリマス系のピジンは、中国人とも関連づけられていたが、それだけでもなく、西洋人の使用も記録されていた。

一方一九二二(大正一一)年の宝塚少女歌劇団の公演では、積極的に中国人を表現するためにアリマス系のピジンが使用されていた。この間の推移についてはさらに資料の探求が必要であるが、役割語としての〈アルヨことば〉は、大正年間にはほぼ完成されていたのであろう。

同時に、〈アルヨことば〉が「怪しい中国人」という表象と結びつけられる推移についても、今後資料に基づいて確かめていく必要があるが、その背景に明治時代における日中関係の変化ということが深い影を落としていることは、想像に難くない。古代から近世まで、政治、文化、宗教、軍事等、あらゆる面において中国は日本とは比べものにならない大国として君臨しており、日本人は中国人に対して崇敬の念を持って接してきたはずであった。しかし、アヘン戦争(一八四〇〜一八四二)における中国の敗退を契機として、日本人の中国観は大きく変化した。

さらに、近代日本における中国観を決定づけたのは一八九四(明治二七)〜一八九五(明治二八)年の日清戦争である。日清戦争は朝鮮の支配をめぐって日本と中国(清国)の間で戦われた戦争であり、近代日本が初めて体験した戦争であった。これに勝利を収めることによって、日本は中国に対して圧迫国へと転じ、その後の中国大陸、朝鮮半島、台湾等アジア諸国に対する帝国主義的侵略に勢いをつける結果ともなった。それに伴って、中国、朝鮮との民族的な軋轢も高まり、日本人の間でアジアを蔑視する風潮が高まった

図 6-1　ジョルジュ・ビゴー「東京の街頭の光景　中国居留民をあざける日本の子供たち〔スケッチより〕」『ザ・グラフィック』1895 年 4 月 13 日号(『ビゴー素描コレクション 3 明治の事件』75 頁，岩波書店，1989 年)

のである。たとえば、一八九五年四月一三日号の『ザ・グラフィック』には、「東京の街頭の光景　中国居留民をあざける日本の子供たち」を描いたジョルジュ・ビゴーのスケッチが掲載されている(図6－1)。

「のらくろ」から

田河水泡氏作の漫画「のらくろ」シリーズは、一九三一(昭和六)年の「のらくろ二等卒」から始まって、一九四一(昭和一六)年の「のらくろ探検隊」まで、『少年倶楽部』誌上で大変人気を得た漫画であった。その後も、掲載誌を変えながら戦後まで書き継がれ、テレビアニメ化されたこともあった。黒い野良犬の「のらくろ」が、猛犬軍に二等卒として入隊するところから始まり、数々の失敗を重ねながらも、その悪意のなさゆえに皆に愛され、時には大手柄を立てて出世を重ねていくというのが基本的なストーリーである。本来ののらくろは、読者の子供と等身大の、愛すべきキャラクターとして発想されたはずであったが、連載後半になると、世上の好戦的な空気に反応して、ひたすら勇猛果敢な英雄に変質していった。

この「のらくろ」シリーズに〈アルヨことば〉が用いられる場面を二カ所見いだしているが、いずれもこの言葉づかいに対する日本人の感情が反映されていて興味深い。

一つめは、一九三二(昭和七)年連載の「のらくろ上等兵」で、南洋の「土人」、実は海賊に〈アルヨことば〉を使用させている。この海賊たちは密輸人から武器・弾薬を買い取るのであるが、最後に偶然その現場を目撃したのらくろに、皆殺しにされてしまう。

密輸人「全部で二十万円だ。」
海賊「高いある／負けるある。」
密輸人「負からんよ。」
海賊「鉄砲爆弾たくさんあるな。」
海賊「酋長買ってきましたぜ。」
海賊の首領「火薬庫へしまっておけ。」

(田河水泡「のらくろ上等兵」八一―三頁)

「のらくろ上等兵」813頁

ここでは、〈アルヨことば〉が中国人に固定されているわけではなく、また密輸人相手には〈アルヨことば〉を用いているが、海賊同士では〈標準語〉を用いている。これは本来のピジンのあり方に近い。すなわち、ピジンは通商のための臨時的な言語であり、海賊たちにとっての母語ではない、という扱いである。

もう一つの例は、一九三八(昭和一三年)書き下ろしの「のらくろ武勇談」からの例である。ここでは猛犬軍と豚軍の全面戦争のありさまが描かれている。戦場の描写を見ると明らかに中国大陸を模しており、すなわち猛犬軍＝日本軍、豚軍＝中国軍という構図が透けて見えるのである。

豚1「戦つてもまけるにきまつてる」
豚2「そんなわからない隊長は　やつつけるよろし」
豚3「こらツ／隊長のいふことききかんか」
豚4「この間に逃げ出せ」
豚5「向かふの陣地が安全あるよ」

（田河水泡「のらくろ武勇談」一三七頁）

ここで、猛犬軍の勇猛果敢な戦いぶりと対照的に、豚軍は徹頭徹尾、軟弱で利己的で統制のとれていない、だめな軍隊として描かれている。そして豚軍は仲間同士で終始〈アルヨことば〉を用いており、本来、臨時的で不完全な言語であるピジンが、弱い豚軍の特徴として固定されているのである。「豚」という容姿、軍隊としての能力の低さ、そしてピジンをしゃべらされるという言語的な特徴と、あらゆる点で豚軍は救いようのない、猛犬軍に負けるべくして負けるみじめな存在として描かれている。特に言葉の面では、ピジンをしゃべるという属性により、我々は最初から豚軍に自己同一化をするこ

「のらくろ武勇談」137 頁

とが容易にはできないようになっているのである。

この「のらくろ武勇談」が描かれた一九三八年は、蘆溝橋事件の翌年に当たり、日中戦争が全面化し、日本では中国に対する戦争ムードが燃え上がっていた。「のらくろ武勇談」の描写は、そのような世相における、日本人の中国人へのまなざしを、如実に映し出しているということができる。

5　役割語を超えて

異人たちを印象づける役割語は、言語の投影にしても、ピジンの適用にしても、〈標準語〉の話し手＝読者の自己同一化の対象からの異化として機能し、容易に偏見と結びつけられてしまうことを確認した。

役割語は、つねにわかりやすい。使い手の人物像を瞬間的に、受け手に伝えてしまう。そのわかりやすさゆえに、子供向け作品やいわゆる「B級作品」に多用されるばかりでなく、立派な作品の中にも自然に取り込まれている。役割語なくして、日本語の作品は成り立たないといってもよい。その結果、新たな刷り込み、活性化が重ねられ、役割語は補強されていく。

私たちの日本語の知識というものは、一面において、そのような役割語の集合としての、ヴァーチャル日本語なのであった。普段は、そのことに何の疑いも抱かないで暮らしている。そして、そのヴァーチャル日本語の中心に、〈標準語〉が位置している。ヴァーチャル日本語は、〈標準語〉とその偏差によって階層化された体系であるということができる。

役割語の知識は、日本で生活する日本人にとっては必須の知識であるが、役割語の知識が、本当の日本語の多様性や豊かさを覆い隠し、その可能性を貧しいものにしている一面、あるいは、役割語の使用の中に、偏見や差別が自然に忍び込んでくる一面に気づかなければならない。たとえば〈アルヨことば〉は、戦前の、中国の人々に対する偏見に満ちたまなざしとともに用いられていたことを知っておく必要がある。現在の漫画で用いられる例を見ると、悪意も屈託もないようには見えるが、しかしそもそも不完全な日本語＝ピジンしか話せないかのように描写されたとき、描写された当人はどんな気持ちがするかということを考えるべきである（アメリカ映画に変になまった「ジャパングリッシュ」をしゃべる、めがねをかけた背の低い日本人が出てきたときの気持ちを思い出せばよい）。

ヴァーチャル日本語の仕組みを知り、時にはヴァーチャル日本語をうち破り、リアルな日本語をつかみ取ろう。それが、日本語を真に豊かで実り多いものにしていくための大事なステップとなるのである。

附録　役割語の定義と指標

ここに「役割語」について定義をしておきたい。役割語とは、次のようなものである。

ある特定の言葉づかい（語彙・語法・言い回し・イントネーション等）を聞くと特定の人物像（年齢、性別、職業、階層、時代、容姿・風貌、性格等）を思い浮かべることができるとき、あるいはある特定の人物像を提示されると、その人物がいかにも使用しそうな言葉づかいを思い浮かべることができるとき、その言葉づかいを「役割語」と呼ぶ。

ここでは、「言葉づかい」という用語を用いたが、専門的には**話体**（スピーチ・スタイル）といった方がいいだろう。**書きことば**における「**文体**」（ライティング・スタイル）に対して、**話しことば**のスタイルだから話体、すなわちスピーチ・スタイルである。

日本語の役割語にとって特に重要な指標は、**人称代名詞**またはそれに代わる表現、および**文末表現**である。人称代名詞とは「わたし」「あなた」「彼・彼女」のように、話し手、話し相手、第三者をそれぞれ専門に表す語彙であるが、特に話し手自身を表す**一人称代名詞**が重要である。たとえば、「わたし、あたし、ぼく、おれ、おいら、あっし、わし、拙者」などと並べていけば、たちまち話し手の姿が現れてくるように感じられる。また、「真智子は、アイスクリームが食べたい」のように代名詞を用いず、**固有名詞**で話し手自身を指し示す用法もあるが、これも特定の話し手像(子供、または子供っぽい若い女性)を想像させる。一人称代名詞と並んで話し相手を指し示す**二人称代名詞**(あなた、おまえ、君……)も役割語となりうるが、二人称代名詞は話し手と話し相手の関係によって変わりやすいので、少し扱いが難しくなる。

文末表現は、文法的にいうとさらにいくつかの種類に分けられる。第一章で取り上げた西日本型・東日本型の対立は、「せえ／しろ」「雨じゃ／雨だ」「知らん／知らない」のように**活用**や**助動詞**に関わる部分である。「行く{ぜ／ぞ／わ}」「暑い{ねえ／のう}」のような**終助詞**も非常に重要である。

文末表現とも関わるが、存在を表す**丁寧表現**「ございます」のヴァリエーションは役割語の分化に深く関わっている。「考えが{ござる／ござんす／ごぜえます／ありんす／おす／おます}」等がそれである。さらに「ございます」の類は、名詞の後ろや動詞・形容詞等の後ろに付いて**断定表現**として働く用法もあり、役割語としてよく目立つ。たとえば「雨で{ございます／ござんす／ござる}」などである。

その他、「ない」を「ねえ」といったり、「大根」を「でーこん」という類の**なまり**が役割語に関係する。「あら」「まあ」「おお」等の**感動詞**、「はっはっは」「ほほほ」等の**笑い声**、また、音の高低、文全体のメロディとして表れる**アクセント**や**イントネーション**、またしゃべる**速度**、**なめらかさ**などの音声的な要素も役割語の要素となりうる。

用例出典一覧

第一章

「鉄腕アトム①」…手塚治虫『鉄腕アトム①』手塚治虫漫画全集221、講談社、一九七九。

「名探偵コナン①」…青山剛昌『名探偵コナン①』小学館、一九九四。

「ポケットモンスター①」…穴久保幸作『ポケットモンスター①』小学館、一九九六。

「たまねぎ博士①号タリラン」…矢玉四郎『たまねぎ博士①号タリラン』岩崎書店、一九九九。

「ちびまる子ちゃん④」…さくらももこ『ちびまる子ちゃん④』集英社、一九八九。

「YAWARA!①」…浦沢直樹『YAWARA!①』小学館、一九八七。

「羊男のクリスマス」…村上春樹・佐々木マキ『羊男のクリスマス』講談社文庫、一九八九。

「火星博士」…手塚治虫『火星博士』手塚治虫漫画全集339、一九九四。

「新宝島」…手塚治虫『新宝島』(改訂版)手塚治虫漫画全集281、講談社、一九八四。

「幽霊男」…伴俊男・手塚プロダクション『手塚治虫物語・オサムシ登場』朝日新聞社、一九九一。

「人造人間《ロボット》博士」…海野十三『海野十三集』少年小説大系、第九巻、三一書房、一九八七。

「宇宙女囚第一号」…海野十三『宇宙女囚第一号』青空文庫(原典『十八時の音楽浴』早川書房、一九七六)。

「滑稽大学」…『現代』三六巻四号、講談社、二〇〇二。原典は『少年倶楽部』昭和九年二月号、講談社、一九四〜一九五頁。

「猿飛佐助」…人物往来社(編)『立川文庫傑作選』人物往来社、一九六七。

「怪談牡丹燈籠」…三遊亭円朝『怪談牡丹燈籠』岩波文庫、二〇〇二。

「藪医生の不養生」…国立国語研究所(編)『牛店雑談安愚楽鍋　要語索引』秀英出版、一九七五。

「浮世風呂」…神保五彌(校注)『浮世風呂　戯場粋言幕の外　大千世界楽屋探』新日本古典文学大系86、岩波書店、一九八九。

「東海道四谷怪談」…鶴屋南北／河竹繁俊(校訂)『東海道四谷怪談』岩波文庫、一九五六。

第二章

「スター・ウォーズ／帝国の逆襲」…I・カーシュナー(監督)／平田勝茂(日本語版翻訳)「スター・ウォーズ／帝国の逆襲〈特別編〉」20世紀フォックス・エンターテイメント・ジャパン株式会社、一九九七。

「ハリー・ポッターと賢者の石」…J・K・ローリング／松岡佑子(訳)『ハリーポッターと賢者の石』静山社、一九九九。

第三章

「夕鶴」…森本薫・木下順二・田中千禾夫・飯沢匡『森本薫・木下順二・田中千禾夫・飯沢匡集』現代日本文学大系83、筑摩書房、一九七〇。

「夢の兵士」…安部公房『安部公房全集』7、新潮社、一九九八。

「世説新語茶」…洒落本大成編集委員会(編)『洒落本大成』第七巻、中央公論社、一九八〇。

「浮世風呂」…神保五彌(校注)『浮世風呂　戯場粋言幕の外　大千世界楽屋探』新日本古典文学大系86、岩波書店、一九八九。

「大千世界楽屋探」…神保五彌(校注)『浮世風呂　戯場粋言幕の外　大千世界楽屋探』新日本古典文学大系86、岩波書店、一九八九。

「河東方言箱枕」…洒落本大成編集委員会(編)『洒落本大成』第二七巻、中央公論社、一九八七。

「標準語に就きて」…真田信治『標準語はいかに成立したか――近代日本語の発展の歴史』創拓社、一九九一。

「パーマン①」…藤子・F・不二雄『パーマン①』小学館コロコロ文庫、一九九七。

「東海道中膝栗毛」…麻生磯次(校注)『東海道中膝栗毛』日本古典文学大系62、岩波書店、一九五八。

「浮世床」…中西善三(校註)『浮世床』日本古典全書、朝日新聞社、一九六一。

「早慶戦」…小島貞二『漫才世相史』毎日新聞社、一九七八。

「闘鶏」…今東光『闘鶏』角川小説新書、一九五七。

「エロ事師たち」…野坂昭如『エロ事師たち』新潮文庫、一九七〇。

「名探偵コナン⑩」…青山剛昌『名探偵コナン⑩』小学館、一九九六。

第四章

「太陽と木銃」…北原白秋『白秋全集』28、岩波書店、一九八七。

「怪人二十面相」…『少年俱楽部名作選2』講談社、一九六六。

「鉄腕アトム①」…手塚治虫『鉄腕アトム①』手塚治虫漫画全集221、講談社、一九七九。

「当世書生気質」…稲垣達郎(編)『坪内逍遙集』明治文学全集16、筑摩書房、一九六九。

「文芸時評」…高山樗牛「文芸時評」独立行政法人国立国語研究所(編)『太陽コーパスVer.5』独立行政法人国立国語研究所、二〇〇二(原典『太陽』第一三号、博文館、一九〇一)。

「吾輩は猫である」…夏目金之助『漱石全集』第一巻、岩波書店、一九九三。

「源氏物語」…山岸徳平(校注)『源氏物語　一』日本古典文学大系14、岩波書店、一九五八。

「辰巳之園」…水野稔(校注)『黄表紙　洒落本集』日本古典文学大系59、岩波書店、一九五八。

「聞上手」…小高敏郎(校注)『江戸笑話集』日本古典文学大系100、岩波書店、一九六六。

「当世少年気質」…福田清人(編)『明治少年文學集』明治文学全集95、筑摩書房、一九七〇。

「たけくらべ」…樋口一葉／塩田良平・和田芳恵・樋口悦(責任編集)『樋口一葉全集』第一巻、筑摩書房、一九七四。

「美味しんぼ①」…雁屋哲(作)／花咲アキラ(画)『美味しんぼ①』小学館文庫、二〇〇〇。

「ああ玉杯に花うけて」…加藤謙一(編)『少年俱楽部名作選1』講談社、一九六六。

「巨人の星①」…梶原一騎(原作)／川崎のぼる(画)『巨人の星①』講談社漫画文庫、一九九五。

「あしたのジョー①」…高森朝雄(原作)／ちばてつや(画)『あしたのジョー①』講談社漫画文庫、二〇〇〇。

「三つ目がとおる①」…手塚治虫『三つ目がとおる①』手塚治虫漫画全集110、一九八〇。

第五章

「エースをねらえ！①」…山本鈴美香『エースをねらえ！①』中公文庫コミック版、一九九四。

「エースをねらえ！②」…山本鈴美香『エースをねらえ！②』中公文庫コミック版、一九九四。

「エースをねらえ！④」…山本鈴美香『エースをねらえ！④』中公文庫コミック版、一九九四。

「浮世風呂」…神保五彌(校注)『浮世風呂 戯場粋言幕の外 大千世界楽屋探』新日本古典文学大系86、岩波書店、一九八九。

「遊子方言」…洒落本大成編集委員会(編)『洒落本大成』第四巻、中央公論社、一九七九。

「三四郎」…夏目金之助『漱石全集』第五巻、岩波書店、一九九四。

「浮雲」…二葉亭四迷『二葉亭四迷全集』第一巻、筑摩書房、一九八四。

「不如帰」…徳富蘆花『不如帰』岩波文庫、一九三八。

「魔風恋風」…小杉天外『魔風恋風　前編』岩波文庫、一九五一。

「吾輩は猫である」…夏目金之助『漱石全集』第一巻、岩波書店、一九九三。

「それから」…夏目金之助『漱石全集』第六巻、岩波書店、一九九四。

「門」…夏目金之助『漱石全集』第六巻、岩波書店、一九九四。

「婦系図」…泉鏡太郎『鏡花全集』巻一〇、岩波書店、一九四〇。

「誌友倶楽部」…川村邦光『オトメの祈り―近代女性イメージの誕生―』紀伊国屋書店、一九九三(原典『女学世界』一九一六(大正五)年一〇月号)。

「漾子リリック・レター」…唐沢俊一『カラサワ堂変書目録』学陽書房、二〇〇〇。

「桜貝」…吉屋信子『桜貝』実業之日本社、一九三五。

「人間失格」…CD-ROM版「新潮文庫の100冊」新潮社、一九九五。

「草の花」…CD-ROM版「新潮文庫の100冊」新潮社、一九九五。

「砂の上の植物群」…CD-ROM版「新潮文庫の100冊」新潮社、一九九五。

「ブンとフン」…CD-ROM版「新潮文庫の100冊」新潮社、一九九五。

「有閑倶楽部①」…一条ゆかり『有閑倶楽部①』集英社、一九八二。

「新・白鳥麗子でございます！①」…鈴木由美子『新・白鳥麗子でございます！①』講談社、一九九二。

「笑う大天使《ミカエル》①」…川原泉『笑う大天使《ミカエル》①』白泉社、一九九二。

「お嬢様の逆襲！」…森奈津子『お嬢様の逆襲！』学習研究社、一九九一。

「ベルサイユのばら①」…池田理代子『ベルサイユのばら①』集英社文庫、一九九四。

「スター・ウォーズ／帝国の逆襲」…I・カーシュナー（監督）／平田勝茂（日本語版翻訳）「スター・ウォーズ／帝国の逆襲〈特別編〉」20世紀フォックス・エンターテイメント・ジャパン株式会社、一九九七。

第六章

「Dr.スランプ⑤」…鳥山明『Dr.スランプ⑤』集英社文庫、一九九六。

「三つ目がとおる⑩」…手塚治虫『三つ目がとおる⑩』手塚治虫漫画全集110、一九八〇。

「ロボット三等兵」…北島昇(編)『昭和マンガ史』別冊一億人の昭和史、毎日新聞社、一九七七。

「タイムライン」…マイケル・クライトン／酒井昭伸(訳)『タイムライン』上、早川書房、二〇〇〇。

「黒い偉人」…加藤謙一(編)『少年倶楽部名作選3』講談社、一九六六。

「風と共に去りぬ」…マーガレット・ミッチェル／大久保康雄(訳)『風と共に去りぬI』三笠版 現代世界文学全集、別巻I、一九五三。

「外国人の日本語」…森銑三『明治東京逸聞史』上巻、東洋文庫、平凡社、一九六九。

「邯鄲」…『ニッポノホン音譜文句全集』改訂増補第六版(倉田善弘・岡田則夫(監修)『大正期SP盤レコード芸能・歌詞・ことば全記録』九、大空社、一九九七)。

「話のくずかご 武士と言葉」…『余話として』文春文庫、一九七九。

「のらくろ上等兵」…加藤謙一(編)『少年倶楽部名作選3』講談社、一九六六。

「のらくろ武勇談」…田河水泡『のらくろ武勇談』講談社、一九六九(複製本)。

参考文献

秋田実(一九八四)『大阪笑話史』編集工房ノア。

朝倉喬司・溝口敦・山之内幸夫 他(二〇〇〇)『実録 ヤクザという生き方』宝島社文庫。

網野善彦(一九九八)『東と西の語る日本の歴史』講談社学術文庫。

井出祥子(編)(一九九七)『女性語の世界』日本語学叢書、明治書院。

石川禎紀(一九七二)「近代女性語の語尾―「てよ・だわ・のよ」―」『解釈』18巻9号、22-27頁、教育出版センター。

井上章一(一九九一)『美人論』リブロポート。

上瀬由美子(二〇〇二)『ステレオタイプの社会心理学―偏見の解消に向けて―』セレクション社会心理学21、サイエンス社。

遠藤織枝(編)(二〇〇一)『女とことば―女は変わったか　日本語は変わったか―』明石書店。

尾崎善光(一九九七)「女性専用の文末形式のいま」現代日本語研究会(編)『女性のことば・職場編』ひつじ書房、33-58頁。

尾崎喜光(一九九九)「女性語の寿命」『日本語学』18巻10号、60-71頁、明治書院。

カイザー、シュテファン(一九九八)「Yokohama Dialect――日本語ベースのピジン」『東京大学国語研究室創設百周年記念　国語研究論集』同記念会編、83-106頁、汲古書院。

解釈と鑑賞編集部(編)(一九九二)『国文学 解釈と鑑賞 特集 ことばと女性』56巻7号。

亀井秀雄(二〇〇〇)『明治文学史』岩波書店。

唐沢俊一(二〇〇〇)『カラサワ堂変書目録』学陽書房。

柄谷行人(一九八〇)『日本近代文学の起源』講談社。

川村邦光(一九九三)『オトメの祈り―近代女性イメージの誕生―』紀伊国屋書店。

菊沢季生(一九三三)『国語位相論』国語科学講座、明治書院。

菊沢季生(一九三六)『新興国語学序説』文学社。

木下順二(一九八二)『戯曲の日本語』日本語の世界12、中央公論社。

旭堂小南陵(二〇〇〇)『演芸速記本基礎研究〈正・続〉』たる出版。

金水敏(一九九六)「「おる」の機能の歴史的考察」山口明穂教授還暦記念会『山口明穂教授還暦記念国語学論集』明治書院、109-132頁。

金水敏(二〇〇〇)「役割語探求の提案」佐藤喜代治(編)『国語史の新視点』国語論究、第8集、明治書院。

金水敏(二〇〇一)「《資料紹介》明治・大正時代SPレコード文句集について」『語文』75・76輯、大阪大学国語国文学会、80-88頁。

金水敏(二〇〇二)「近代語とステレオタイプ」『国語と国文学』79巻11号、85-95頁。(本論文の内容は、本書第二、三章に収められている。)

串間努(主筆)(一九九九)「アニメ特撮年表(昭和史)」『日曜研究家』14号、87-98頁、扶桑社。

黒田勇(一九九九)「「自分」語り出した関西ドラマ」『朝日新聞』(阪神版)九月三日夕刊。

小島貞二(一九七八)『漫才世相史』毎日新聞社。

小松寿雄(一九七四)「『一読三歎当世書生気質』の江戸語的特色」『埼玉大学紀要』9号、埼玉大学教養学部、17-28頁。

小松寿雄(一九八五)『江戸時代の国語 江戸語』国語学叢書7、東京堂出版。

小松寿雄(一九八八)「東京語における男女差の形成―終助詞を中心として―」『国語と国文学』65巻11号、94-106頁。

小松寿雄(一九九八)「キミとボク―江戸東京語における対使用を中心に―」『東京大学国語研究室創設百周年記念国語研究論集』汲古書院、667-685頁。

小宮豊隆(一九八〇)『明治文化史10 趣味娯楽』原書房。

真田信治(一九九一)『標準語はいかに成立したか―近代日本語の発展の歴史―』創拓社。

真田信治(二〇〇〇)『脱・標準語の時代』小学館文庫。

真田信治(二〇〇一)『方言は絶滅するのか――自分のことばを失った日本人』ＰＨＰ新書。

斯波司・青山栄(一九九八)『やくざ映画とその時代』ちくま新書。

司馬遼太郎(一九七〇)「話のくずかご 武士と言葉」『オール讀物』昭和四五年九月号(『余話として』文春文庫に収録、一九七九、122-130頁)。

清水勲(二〇〇〇)『図説 漫画の歴史』河出書房新社。

清水康行(一九九一)「二十世紀初めの小説台詞における女性のことば―東京中流の女性のことばと標準語―」『国文学 解釈と鑑賞』722号、38-44頁、至文堂。

清水義範(二〇〇〇)『日本語必笑講座』講談社。

下川耿史(二〇〇二a)『近代子ども史年表』明治・大正編、河出書房新社。

下川耿史(二〇〇二b)『近代子ども史年表』昭和・平成編、河出書房新社。

霜月たかなか(編)(一九九八)『誕生! 「手塚治虫」』朝日ソノラマ。

瀬戸龍哉・山本敦司(一九九九)『漫画博士読本』宝島社(宝島文庫に収録、二〇〇〇)。

竹内洋(一九九一)『立志・苦学・出世』講談社現代新書。

武部好伸(二〇〇〇)『ぜんぶ大阪の映画やねん』平凡社。

田中さつき(二〇〇二)「「お嬢様言葉」の成立―「ロミオとジュリエット」の翻訳を視座として―」大阪大学文学部卒業論文。

田中章夫(一九八三)『東京語―その成立と展開―』明治書院。

田中章夫(一九九九)『日本語の位相と位相差』明治書院。

都川典子(一九九四)「翻訳に見る方言イメージの活用技法」『東京女子大学言語文化研究』3号、90-101頁。

都染直也(一九九三)「生の方言/脚色された方言」『言語』22巻9号、68-75頁。

玉居原作郎(一九九五)『関西のテレビドラマ史』上方芸能出版センター。

鳥山拡(一九八六)『日本テレビドラマ史』映人社。

中村通夫(一九四八)『東京語の性格』川田書房。

伴俊男・手塚プロダクション(一九九二)『手塚治虫物語 オサムシ登場』朝日新聞社(朝日文庫に収録、一九九四)。

飛田良文(一九九二)『東京語成立史の研究』東京堂出版。

古田東朔(一九八六)「『東海道四谷怪談』において上方風、東国風両方の言い方をしている人たち」『松村明教授古稀記念 国語研究論集』明治書院、449-493頁。

古田東朔(一九八七)「『東海道四谷怪談』において上方風の言葉遣いをする人たち」『近代語研究』第七集、武蔵野書院、437-458頁。

古田東朔(一九九三)「『東海道四谷怪談』において東国風の言葉遣いをする人たち」『近代語研究』第九集、武蔵野書院、231-256頁。

本田和子(一九九〇)『女学生の系譜――彩色される明治』青土社。

毎日新聞社(編)(一九七七)『昭和マンガ史』別冊一億人の昭和史、毎日新聞社。

益岡隆志・田窪行則(一九九二)『基礎日本語文法』(改訂版)、くろしお出版。

水原明人(一九九四)『江戸語・東京語・標準語』講談社現代新書。

南博・岡田則夫・竹山昭子(編)(一九八八)『遊技・娯楽』近代庶民生活誌8、三一書房。

安田敏朗(一九九九)『〈国語〉と〈方言〉のあいだ―言語構築の政治学―』人文書院。

依田恵美(二〇〇三)「西洋らしさを担う役割語―「おお、ロミオ!」の文型から―」『語文』79輯、大阪大学国語国文学会。

四方田犬彦(二〇〇〇)『日本映画史100年』集英社新書。

鷲留美(一九九六)「現代日本語性差についての一考察――女ことばとしての終助詞「わ」を巡って」『日本語・日本文化研究』6号、43-56頁、大阪外国語大学日本語講座。

Brewer, M. B. (1988) "A dual process model of impression formaiton," T. K. Srull & R. S. Wyer, Jr. (eds.) *Advances in Social Cognition*, vol. 1, pp. 1-36, Academic Press, New York.

Devine, P. G. (1989) "Stereotypes and prejudice: Their automatic and controlled components," *Journal of Personality and Social Psychology*, 56, pp. 5–18.

Hudson, R. A. (1980) *Sociolinguistics*, Cambridge University Press, Cambridge.

Kaiser, S. (ed.) (1995) *The Western Rediscovery of the Japanese Language*, vol. 5, Curzon Press Ltd., Richmond.

Labov, W. (1972) *Sociolinguistic Patterns*, University of Pennsylvania Press, Philadelphia.

Lippmann, W. (1922) *Public Opinion*. リップマン／掛川トミ子(訳)『世論』(上・下)岩波文庫、一九八七。

Shibuya, Rinko (2002) "Sex exclusive difference as the norm—Japanese women's language—," (manuscript), 9th UCLA Graduate Student Symposium for Japanese Studies.

Trudgill, P. (1974) *Sociolinguistics: An Introduction*, Penguin Books Ltd., Harmondsworth. トラッドギル／土田滋(訳)『言語と社会』岩波新書、一九七五。

Vogler, Christopher (1998) *The Writer's Journey*, Michael Wiese Productions, Studiocity.

(現代文庫版注) Vogler (1998)については次の二種の日本語訳が刊行されている。

ボグラー、クリストファー／岡田勲・講元美香(訳)『神話の法則——ライターズ・ジャーニー(夢を語る技術5)』ストーリーアーツ&サイエンス研究所、二〇〇二。

ボグラー、クリストファー／府川由美恵(訳)『作家の旅　ライターズ・ジャーニー——神話の法則で読み解く物語の構造』フィルムアート社、二〇二二。

参考ホームページＵＲＬ
「なんばグランド花月」 https://ngk.yoshimoto.co.jp/

あとがき

役割語の世界の旅は、いかがでしたか。楽しめましたでしょうか。

さて、本書は日本語の中の「ステレオタイプ」を扱ったものですが、この概念は社会心理学や社会言語学のものであり、私がこれまでに専門としてきた文法および文法史とは、いささか肌合いが異なります。私とこのテーマの出会いについて、少し触れておきます。

私は一九八一年に提出した修士論文以来、日本語の存在表現の歴史的変遷を研究テーマの一つとして追求してきましたが、その存在表現の中で「おる」という動詞の不思議な用いられ方に頭を悩ませました。従来「おる」の用法として、尊大語、老人語というものがあるとされていますが、人は求めて尊大に話すことなどあるのだろうか、老人になったからといって、突然老人語を話し出したりするだろうか、と疑問に思ったのです。そして、実際の用例を集めて眺めて、思い至ったのが「役割語」という概念でした。

役割語の着想を得たのは一九九六年頃ですが、この概念が日本語研究にとってどれくらい有用であるかを検証しようと思い、一九九九年、本務校の「国語学演習」で役割語をテーマとして一年間学生に研究発表をしてもらいました。その場での議論や資料が本書の骨格となりました。演習の参加者は、岡崎友子、岡崎昌宏、衣畑智秀、高宮幸乃、中井彩子、朴美賢、廣坂直子、深澤愛、山村仁朗、楊昌洙、吉田正、依田恵美、米田達郎という皆さんです(敬称略)。本書は彼女たち・彼らとの合作とも言えます。

その後、同僚の社会言語学者の渋谷勝己氏に「ステレオタイプ」という概念を教えていただき、また上瀬由美子氏の著作に巡り会って、ステレオタイプの全体像の中に役割語がうまく当てはまることを確認し、本書の構想が固まったのでした。

また、畏友・屋名池誠氏は、資料に関する該博な知識に基づき、本書の構想の段階から的確なアドバイスを与え続けてくださいました。小野正弘氏は私とのメールのやりとりのなかで「ヴァーチャル」という概念を与えてくださいました。言うまでもなく、本書の書名として使用させていただいております。皆様に感謝いたします。

とはいえ、岩波書店編集部の浜門麻美子さんが、本書のアイディアを面白がり、本シリーズの一冊として執筆することを強く勧めてくださらなかったら、そもそも本書は誕生しなかったでしょう。本書は本シリーズ中でもとりわけ手間のかかった本だと思うのですが、浜門さんのおかげで、中身以上にすてきな本に仕上がりました。

また、初めて両親や家族にも理解してもらえる本が書けた、ということは、私にとって望外の喜びでありました。本書の用例には、子供たちの本棚からとってきたものがいくつもあります。

ところで、専門的な見地から見た場合、役割語、あるいは日本語のステレオタイプの研究というのは、緒に付いたばかりの新領域です。そのため、本書で述べたことのいくつかはスペキュレーションの域を出ませんし、資料の発掘・提示も充分ではないと思います。ことに、本書にとって重要な明治、大正、昭和初期の大衆的なマスメディア資料自体が、保存・整理が充分でないために、閲覧することも容易ではないというのが現状です。この点で、読者の皆様に、役割語のデータや情報についてお教えいただければ、研究を推進していくために大きな力となると思います。「この資料でこんな役割語に出会った」など、巨細に関わらず、著者までお知らせいただければ幸いです。本書の間違いのご指摘ももちろん歓迎いたします。

それでは、さらばじゃ。

二〇〇二年師走、西宮にて

金水　敏

現代文庫版あとがき

本書『ヴァーチャル日本語　役割語の謎』が「もっと知りたい！　日本語」シリーズの一冊として刊行されたのは二〇〇三年一月のことである。幸い、多くの新聞・雑誌等の書評に取り上げていただき、本書とともに「役割語」の概念は日本語学者のみならず、多くの方々に知れわたることとなった。その後も購読者は途切れることなく、二〇二一年で第一七刷を数え、このたびの岩波現代文庫への収録へとつながった。これは著者にとって望外の喜びであり、今この文庫を手に取ってくださっている方を始め、読者諸氏に心からお礼を述べたい。

なお、「役割語」の概念が公開されたのは二〇〇〇年一一月「役割語探求の提案」(『国語史の新視点』国語論究、第8集所収)という論文でのことであった。それ以来二〇年以上の時がたったが、その間にも役割語および関連する問題についての研究は発展を続けている。筆者は二〇二二年三月に「《キャラクター》と《人格》について　附・「わたし」性と諸学問」と題する〝最終講義〟を行ったが、そこでは役割語に関わる研究上の〝問い〟を次のように整理した。

A　理論的基盤

A―1　役割語とキャラクターに関する理論的基盤
A―2　フィクション／物語理論
A―3　コミュニケーション理論
A―4　キャラクターの(神経認知)心理学的基盤

B　個別役割語論

B―1　日本語にはどのような役割語の種類があるか。
B―2　日本語の役割語はどのように形成されたか。
B―3　役割語と標準語の関係はどのようであるか。
B―4　役割語と方言の関係はどのようであるか。
B―5　外国人を表す役割語にどのようなものがあるか。
B―6　フィクションの登場人物は発話スタイルの面からどのように分類されるか。

C　役割語要素論

C―1　役割語・キャラクター言語を構成する言語的要素にどのようなものがあるか。

D　作品分析

D－1　具体的なフィクションにおいて役割語やキャラクター言語はどのように機能するか。

E　対照役割語論・役割語翻訳論

E－1　日本語以外の役割語・キャラクター言語はどのようであるか。
E－2　日本語の役割語・キャラクター言語の翻訳にはどのような(代替)手段があるか。
E－3　他言語から日本語への翻訳で役割語はどのように付与されるか。
E－4　なぜ日本語への翻訳には〈男ことば〉〈女ことば〉が強く表れるのか。
E－5　なぜ日本語は役割語が発達したのか。

F　役割語教育論

F－1　日本語教育・翻訳教育で役割語はどのように教えるべきか。
F－2　高等教育において役割語はどのように貢献するか。

G　国際役割語論

G－1　役割語について外国語でどのように論じることができるか。

この問題系を具体的に取り扱った著書・論文・講演等は、私が把握している限りで、ざっと数えて一六五件あった。これらを踏まえ、個別の問題についてさらに説明を加えたいところであるが、紙幅の都合もあり、またそうすることは「あとがき」の役割を遥かに超えることとなるので差し控える。ただ、本文庫本の原著がはらむ問題系が枝葉を広げ、花を咲かせ、さらに新たな問題の種となって芽吹いていく様子を感じていただけるように、著者が編集・執筆に関わった図書に絞ってリストを挙げておく。


金水敏(編)(二〇〇七)『役割語研究の地平』くろしお出版。

金水敏(編)(二〇一一)『役割語研究の展開』くろしお出版。

金水敏・田中ゆかり・岡室美奈子(編)(二〇一四)『ドラマと方言の新しい関係：『カーネーション』から『八重の桜』、そして『あまちゃん』へ』笠間書院。

金水敏(二〇一四)『コレモ日本語アルカ？――異人のことばが生まれるとき』そうだったんだ！　日本語、岩波書店。

金水敏(編)(二〇一四)『〈役割語〉小辞典』研究社。

田中ゆかり・金水敏・児玉竜一(編)(二〇一八)『時代劇・歴史ドラマは台詞で決まる！――世界観を形づくる「ヴァーチャル時代語」』笠間書院。


加えて、役割語の観点から村上春樹作品を中心に翻訳に関する調査・研究をまとめた『村上春樹翻訳調査プロジェクト報告書』というシリーズが一巻から五巻まで刊行され、大阪大学リポジトリOUKAに無償で公開されているので、興味がおありの方は検索・ダウンロードされたい。さらに、二〇二三年以降、筆者の編著による役割語関連の論文集、単著がそれぞれ一冊ずつ準備されている。

なお、本文庫本の初版『ヴァーチャル日本語　役割語の謎』は、現在までに次の英語版と韓国語版が刊行されている。二〇二二年一〇月段階で、フランス語への翻訳が進行していることも付け加えておく。本書の内容がさらに多くの国・地域の読者に届いて、研究のさらなる発展へと繋がることを願ってやまない。

Kinsui, Satoshi (2017) *Virtual Japanese: Enigmas of Role Language.* 大阪大学出版会
（大阪大学リポジトリＯＵＫＡで無償公開）

긴스이 사토시(저자) 박미현(역자/편자)(2021)『가상 일본어 역할어의 비밀』 신국판 무선.

著者記す

二〇二二年一〇月　大阪・天王寺にて

解説

田中ゆかり

世の中には、確実に存在しているのに、名前がないために看過されているものがたぶんかなりある。しかし、いったん定義とともに名前が与えられると、数学の図形問題に適切な補助線が引かれたように世界の見え方は一変する。その定義と名前が世間に浸透していくと、人々は理解したそばからそのフィルターを通して世の中の現象を見たり考えたりするようになり、「それ」を知らなかった元の世界観には戻れなくなる。その上、あれもこれも「それ」なのでは、いや「これ」は指摘されている「それ」とは違うようだが、どういうわけなんだろうか、という新しい気づきならびに考察が次々と湧いてくる……。

〝ある特定の言葉づかいからは特定の人物像を、あるいはある特定の人物像が示されるとその人物がいかにも使用しそうな言葉づかいを思い浮かべることができる〟という現象があることを指摘し、その鍵となる言葉づかいを「役割語」と命名した本書は、まさにそういう類のものである。

役割語研究の扉を開いた本書の著者が、〝王城の地〟上方(大阪)で生まれ育ち、長じては〈標準語〉の地・東京で学生時代を過ごした上京青年*で、テレビ黎明期の一九五〇年代生まれの自称「テレビっ子」でもある、文学的教養の深い言語研究者(正真正銘の「博士」!)であることは、非常に大きな意味をもつ。

本書の目次をたどると、まず〈博士語〉から書き起こされ、続いて〈標準語〉と非〈標準語〉へと進む。非〈標準語〉としては〈田舎ことば〉も取り上げるが、真骨頂は、〈東京語〉と〈関西弁〉の攻防を冷静にたどりつつ、一種のなげきとぼやきを交えつつ、〈関西弁〉の役割語界における結末を示す次のくだりである。

明治時代以降、〈東京語〉が〈標準語〉となってからは、〈上方語〉の末裔である〈大阪弁〉あるいは〈関西弁〉は、一方言と成り下がってしまった。いや、他の方言とはまた異なる、強烈な役割語となり果てたのである(本書80頁)。

言語研究とは、従来、現実の言語事象を整理・分析し、その現実を支配する法則性を見出そうとするものである。それに対し、役割語研究は大衆的コンテンツという仮想現実に蓄積された「我々の言語知識」を、じりじりとあぶりだそうとする新しい言語研究である。

普通に暮らす「我々の言語知識」は、ポップカルチャーにこそ宿る。役割語とは、ポップカルチャーに現れる仮想の言語に煎じ詰められた言語ステレオタイプなのだから。

ポップカルチャー、すなわち大衆的コンテンツは、従来の言語研究においても、折々の世相を映す資料として扱われてもきた。一方で、大衆的コンテンツを資料とする研究は、(仮想の)研究ヒエラルキーの中では、厚遇されてきたとはいいにくい。

役割語研究は、言語研究業界における冷や飯食いの大衆的なコンテンツこそが、当該の言語社会における「我々の言語知識」を探る宝の山であることをはっきりと示したのである。

この「我々の言語知識」を究明する役割語研究は、言語研究者にとっては新しい研究領域の幕開けを告げるものとなったばかりでなく、同時代に生きる「我々」と言語研究をつなぐものともなった。

日本語文法史の研究者として広く知られる著者は、本書の初版「あとがき」に「初めて両親や家族にも理解してもらえる本が書けた」と記した。このことばは、役割語研究が、いかに「我々」と言語研究をつなぐものであるのかということをよく物語る。身近なポップカルチャーは、単にその時々に娯楽として消費されるものとして存在するばかりでなく、「我々の言語知識」の蓄積装置としても機能していることを、役割語と役割語研究は「我々」に教えるのである。

役割語の形成と変化をたどることは、仮想言語に投影された「我々」の意識の変遷をたどることに等しい。大衆的コンテンツを拡散する装置であるマスメディアが発達する歴史でもあった近現代を、「我々」の言語意識史として捉え直す試みといえる。〈標準語〉と非〈標準語〉は近代国家形成の背骨となった「一つの国家に一つの国語」という言語政策の、〈男性語〉と〈女性語〉はやはり近代から高度経済成長期あたりまでに醸成されたジェンダー観の、異人のことばとしての〈アルヨことば〉や〈田舎ことば〉も近現代期における中心と周辺あるいは異界観の、意識とその変遷を映す。つまり、役割語の形成と変化をたどることは、言語ステレオタイプを通じた、当該言語社会の意識の歴史のリプレイと言い換えることが可能である。

役割語は、言語社会の意識が言語ステレオタイプとして引き伸ばされたり、煎じ詰められたりしたものである。言語ステレオタイプは、物の見方の固定化、とりわけ差別や偏見とも容易に結びつく。無批判な役割語使用とその再生産は、差別や偏見の助長とさらにはそれらの潜在意識への密やかな沈殿を促進する。しかし、役割語の形成過程をたどることによって、「我々」の中にはどのようなステレオタイプが存在し、また、その観念はどこから来たもので、どのように固定化されてきたのかということが意識化される。逆に言えば、言語ステレオタイプが投影された役割語は、「我々」の中に潜むさまざまなステレオタイプへの気づきを促す装置ともなるのだ。

ところで、〈博士語〉や〈お嬢様語〉のような、派手やかな仮想言語の影に隠れがちであるが、役割語の真の立役者は〈標準語〉である。

言語学の文脈における「標準語」は、「文法・語彙・音韻の各面にわたって規範的統一性を有し、公文書、文学、教育、新聞、放送などに用いられる言語。外国人への教育対象ともなる言語でもある」(亀井孝・河野六郎・千野栄一編著『言語学大辞典 第六巻 術語編』三省堂、一九九五)と定義される。異なる言語や方言を越えたコミュニケーションにおいて用いられる「共通語」が場面ごとにリアルに存在するのに対し、標準語政策が展開された近代期からただいま現在まで、日本においては言語学の文脈における「標準語」は、そもそも仮想言語である。公共放送のアナウンサーのニュースの読み原稿を事実上の「標準語」とする考えもあるが、それはあくまでも「事実上の標準語」である。

役割語研究において設定された〈標準語〉もまた、仮想言語である。仮想言語であるということにおいては、言語学一般で定義するところの「標準語」と同様であるが、それら同士は完全に一致するものではないところには十分な注意が必要である。

「役割語」研究の文脈では、〈標準語〉を「語彙、音韻、文法、語法等の問題としてだけでなく、それらを総合した、話体・文体」と定義づける。それと同時に、「他の役割語の基準となるような、特殊な役割語」としての位置を与える(本書63頁)。その〈標準語〉からの〝偏差〟は〝役割語度〟と呼ばれ、ステレオタイプの強さの指標となる。この〝役割語度〟が高いほど、その話体(文体)が特定の人物像を想起させる力が強いとする(本書67頁)。

つまり、〈標準語〉は役割語でありながら、役割語の基準点でもある。その基準点から離れるほど、特定の人物像が素早く立ち上がるステレオタイプが強い役割語となる。しかしそれは同時に、強力な役割語を与えられた登場人物は、役割語から立ち上がるステレオタイプ以上の何かが求められる登場人物ではない、すなわち、そのコンテンツの中において主人公格として立つことのないキャラクターとして造形されていることを意味する。〈標準語〉を話す登場人物は、筋を運ぶ主人公格であるという、〈標準語〉=〈ヒーロー語〉という「役割語セオリー」の裏返しである。むろん、非〈標準語〉のヒーローという例外はあるが、例外には例外である意味があることを、同時に含意する。

改めて、役割語という命名がうまいと思うのは、仮想現実における登場人物の「役割」が仮想のことばでにわかに描出されるということに留まらない。役割語は、現実に滲み出したリアルなコミュニケーションの場における記号としても、了解されやすい命名だからである。現実世界において、話し手の属性・経歴とは異なる「役割」を装う場合には、仮想のことばである役割語を用いることによって、役割語が指し示す「役割」

を話し手が臨時的にまとっているという明示的なサインとなるからである。

もともと、役割語は、コンテンツ制作者側に立つ、「作家」や「作者」と呼ばれる玄人の手により徐々に彫琢された仮想現実における仮想のことばである。仮想の世界において、特定の「役割」を与えられた登場人物に張り付いた表裏一体のことばとして形成・醸成・拡散されてきたその結果が、役割語である。

この玄人の手により形成された役割語は、大衆的コンテンツを通して素人の現実の言語生活に徐々に染み出す。コンテンツ類の受容者である素人は、コンテンツ類を通して役割語で「役割」を装うことを学習した。その結果が、現実のコミュニケーション場面において仮想のことばでキャラクターを着脱することばのコスチュームプレイの浸透である。

マスメディア、とくに一九六〇年代に一気に普及したテレビが役割語の形成・醸成・拡散の主要な装置であったように、一九九〇年代後半以降に生じたインターネットの一般化が役割語の「役割」に、上述のような変革を推し進めたといえる。インターネットの普及は、現実と仮想現実をごく普通の生活の中に共存させ、現実と仮想現実は往還する関係にある、という意識を「我々」にもたらした。加えて、ソーシャルメディアなどを通じて、いつでも自由に、そしてその場に応じた自己を演出しながら発言することをも、身近なものとした。

その結果、役割語が繰り出される場面は、玄人から素人へ、仮想世界から現実世界へと一気に広まった。非対面・非同期を基本とするインターネット上の情報発信とコミュニケーションのありかたが、玄人と素人の境界を曖昧にするのと同時に、仮想のことばを用いた意識的あるいは無意識的なことばのコスプレへの障壁をこれまた一段と低くしたのである。

いったんは定着したかにみえる役割語も、現実と仮想現実との往還を経て、徐々に変化する。それは役割語と結びつくステレオタイプの変化として立ち現れる。すでに生じている現象として、現実における女ことばのさらなる退縮に伴い〈お嬢様語〉が「高飛車でいじわるなキャラクター」との結びつきにシフトしつつあることなどを指摘できる。しかし、役割語が役割語として成立するには、不特定多数が一斉に同じ情報を受け取ることを可能としたマスメディアによる大衆的コンテンツの同時代的共有が前提であった。

いまや、その前提そのものが風前の灯火となりつつある。インターネットに接続可能な環境にさえあれば、ネット上にあるコンテンツを、地域や時代や分野を超えていつでもどこでも好きなだけ好きなように、しかもばらばらに享受し、かつ随意に編集・変形可能な時代がやってきている。

このことはつまり、コンテンツが制作された時代や場所、さらにはそこにおける表象の背景などが見過ごされやすくなり、何がオリジナルで、何がその転写なのか、またその転写や事後に施された編集・変形の背景や意味も徐々に不明瞭になっていくことを意味する。意図しない時代錯誤の並列があたりまえとなる未来がやってくることを予感させる。

マスメディアの時代が、「我々」の仮想現実、すなわち役割語の形成・醸成・拡散に寄与したというならば、その前提が失われつつある現在を引き継ぐ役割語の明日は、どのようなものを映すのだろうか。

「我々」の仮想現実の未来を読み解くのは、本書で役割語と役割語研究の手ほどきを受けた読者である。

さあ、おのおのがた、出立ぜよ！

（たなかゆかり／日本語学者）

＊「生まれてから高校卒業まで大阪にいて、大学から大学院、そして東京大学国語研究室の助手を務めた都合8年間を東京で過ごした後、１９８３年に神戸大学教養部に奉職した」（金水敏二〇二一「私の日本語研究と学会の役割—「存在表現」研究を中心に—」『日本語の研究』一七(二)ならびに本書カバー折り返しの著者略歴参照。

本書は二〇〇三年一月に岩波書店より刊行された。
岩波現代文庫化にあたり割愛した図版がある。

語彙索引

あ 行

か 行

さ 行

た 行

な 行

は 行

ま 行

や 行

ら 行

わ行・ん

人名・題名索引

欧字

あ行

か 行

さ 行

た 行

な 行

は 行

ま 行

や 行

事項索引

か 行

さ 行

た 行

な 行

は 行

ま 行

や 行

ら 行

わ 行

ヴァーチャル日本語　役割語の謎

2023年5月16日　第1刷発行

著　者　金《きん》水《すい》　敏《さとし》

発行者　坂本政謙

発行所　株式会社 岩波書店
〒101-8002 東京都千代田区一ツ橋 2-5-5

案内 03-5210-4000　営業部 03-5210-4111
https://www.iwanami.co.jp/

印刷・精興社　製本・中永製本

ISBN 978-4-00-600466-8　　Printed in Japan

岩波現代文庫創刊二〇年に際して

二一世紀が始まってからすでに二〇年が経とうとしています。この間のグローバル化の急激な進行は世界のあり方を大きく変えました。世界規模で経済や情報の結びつきが強まるとともに、国境を越えた人の移動は日常の光景となり、今やどこに住んでいても、私たちの暮らしは世界中の様々な出来事と無関係ではいられません。しかし、グローバル化の中で否応なくもたらされる「他者」との出会いや交流は、新たな文化や価値観だけではなく、摩擦や衝突、そしてしばしば憎悪までをも生み出しています。グローバル化にともなう副作用は、その恩恵を遥かにこえていると言わざるを得ません。

今私たちに求められているのは、国内、国外にかかわらず、異なる歴史や経験、文化を持つ「他者」と向き合い、よりよい関係を結び直してゆくための想像力、構想力ではないでしょうか。

新世紀の到来を目前にした二〇〇〇年一月に創刊された岩波現代文庫は、この二〇年を通して、哲学や歴史、経済、自然科学から、小説やエッセイ、ルポルタージュにいたるまで幅広いジャンルの書目を刊行してきました。一〇〇〇点を超える書目には、人類が直面してきた様々な課題と、試行錯誤の営みが刻まれています。読書を通した過去の「他者」との出会いから得られる知識や経験は、私たちがよりよい社会を作り上げてゆくために大きな示唆を与えてくれるはずです。

一冊の本が世界を変える大きな力を持つことを信じ、岩波現代文庫はこれからもさらなるラインナップの充実をめざしてゆきます。

（二〇二〇年一月）